~商標制度の破壊を招く~

IOCファミリーによる
オリンピック商標の
違法ライセンス問題
を考える

柴特許事務所 弁理士

柴 大介 著

イマジン出版

~商標制度の破壊を招く~
IOCファミリーによる
オリンピック商標の違法ライセンス問題
を考える

目　　　次

プロローグ

　外に出れば、ビル・商店・イベント会場などに設置された看板、電光掲示板
に、街路に並ぶ街灯に吊るされたフラッグに、タクシーのドア面に、それぞれ
に趣向が凝らされた有名・無名の商標が、室内で新聞、雑誌、テレビ、ネット
等のメディアに接すれば、費用に糸目をつけずに掲載された数多のブランド商
標が目に飛び込んできます。

　我が国は、このように商標に満ち溢れており、商標は、私たちにとって空気
のように、あまりに身近すぎて意識することのない存在になっているといえま
す。

　特に、ここ5年ほどは、我が国で半世紀ぶりに開催される東京オリンピック
への期待で、国・産業界を挙げて盛り上がる中で、オリンピックエンブレムを
始めとするオリンピック関連商標が多くの人に知られて語られるようになりま
した。

著者撮影

著者撮影

　一方で、商標は、特許・意匠・著作物などと共に代表的な知的財産であり、商標法を中核とする商標制度によって厳重な保護の対象になっていますが、その商標制度の仕組については、弁理士のような専門家以外の人々にはほとんど知られていません。

　本書は、弁理士である著者が、オリンピック関連商標がその拠って立つ商標制度の中でどのように位置づけられるのかを公益性の観点から考察したものです。

　考察の結果明らかになったことは、著者自身も予想しなかった驚愕すべき深刻な事実であり、本書を最後まで読んでいただいた読者は、オリンピック関連商標を始めとする商標に満ち溢れた世界が一変して見えることになると思います。

序 章
本書のテーマと構成

Ⅰ．「おでんエンブレム」事件

著者は、理科系大学院を修了し、トイレタリーメーカーで研究開発をする中で特許を出し続け、弁理士に転身してからは特許事務所を営んでいる、生粋の理科系人間です。

理科系出身の弁理士の多くは、特許の世界で弁理士人生を全うしますが、私の場合は、特許事務所を立ち上げたばかりの（仕事があまりない）時期に、知り合いの行政書士の先生から商標登録を希望するお客様を紹介いただいたのがご縁で、商標にも関わるようになりました。

その頃、たまたまネットで、コンビニの店長が、当時大きな話題となっていた佐野研二郎氏のオリンピックエンブレムを模して配置した「おでんエンブレム」をあしらった幟を店頭に立てたところ、組織委員会からクレームがついたという内容の記事を読みました [001]。

佐野研二郎氏のオリンピックエンブレムのことは、著者も知っていたのですが、当時は商標登録もされておらず、組織委員会はいったい何を根拠にクレームをつけているのだろうと不思議に思ったのが、著者がオリンピックに関係する知的財産（以下「オリンピック知財」といいます）に興味をもったきっかけでした。

---

001 ロケットニュース『セブンイレブンの「おでんのPOP」に東京五輪組織委員会が待った！「商業利用にあたってくるので、お控えいだたくことになります」』(https://rocketnews24.com/2015/08/20/622430/)

引用元：セブンイレブン武蔵小金井本町２丁目店公式ブログ８月20日
http://ameblo.jp/naorockam/day－20150820.html

Ⅱ．本書のテーマと構成

　著者は、普段は事務所に閉じ籠って、発明に関する特許文書を作成するマニアックなオタクのような生活をしているのですが、さすがに気分転換に他のことをしたくなるときがあります。

　そこで、「おでんエンブレム」事件に興味をもったのも何かの縁ということで、オリンピック知財に関する考察をまとめてみようと思い立ち、2016年から2019年にかけて５つの論文を弁理士会誌「パテント」（以下「パテント誌」ともいいます）に投稿しました。

　本書は、これらの５つの論文の中の４つを基にして、「プロローグ／序章」及び「終章／エピローグ」を書き下ろし、著者がネット上で公表したバッハ会長宛の公開書面を付録に加えて構成したものです。

　本書の基になった４つの論文は、公表順に若干の修正を加えて本書の第１～４章としました。

読者の皆様が本書を理解する一助になればと思い、各章の執筆時の背景等を以下にまとめましたので、参考にしていただければ幸いです。

① 本書のタイトルについて

IOCは、1980年代にオリンピック資産を活用したオリンピックビジネスを拡大し、特に2000年以降にオリンピック資産の中核をなすオリンピック関連商標をライセンス活用して、スポンサー企業から協賛金を調達する集金システムを確立しました。

本書は、この集金システムが、他国では少なくとも法律上問題にならないところ、我が国では特有の商標制度の中で違法であったという大きな問題を考察しています。

我が国では、IOC、JOC及び組織委員会が我が国で商標登録したオリンピック関連商標に基づいてスポンサー企業にライセンスをしています。

また、IOC、JOC及び組織委員会はオリンピック憲章で、IOCを盟主とする一体の協会組織であることが規定されています（オリンピック憲章規則1.2、25、27及び35。詳細は本書の第2章で考察しています）。

以上を踏まえ、本書では、IOC、JOC及び組織委員会をまとめて「IOCファミリー」と称し、オリンピック関連の登録商標を「オリンピック商標」と称し、本書のタイトルを「IOCファミリーによるオリンピック商標の違法ライセンス問題を考える」としました。

② 「ライセンスする」という言い方について

登録商標は、原則、使用権を専有する商標権者しか使用できません（商標法25条）。

第三者が登録商標を使用するには、商標権者に専用使用権を設定登録してもらい専用使用権者になるか、通常使用権を許諾してもらい通常使用権者になる必要があります（商標法30条1項、商標法31条1項）。

商標法上は「専用使用権を設定登録する」又は「通常使用権を許諾する」と

いう言い方が正確なのですが、これらの用語を使って説明すると一般読者には
あまりに堅苦しいと考えました。

　そこで、本書では、これらをまとめて「ライセンスする」と言います。

　また、専用使用権者はさらに他人に登録商標について通常使用権を許諾する
ことができます。

　本書では、専用使用権者が他人に通常使用権を許諾することを「サブライセ
ンスする」と言います（ちなみに、通常使用権者はさらに他人にサブライセン
スすることができません）。

　以上のことは、弁理士にとっては初歩的・基本的なイロハ事項であると考え
ていたのですが、情けないことに弁理士でも解っていない方が結構います。

　本書を読まれる一般読者は、以下のように平たく理解しておいていただけれ
ば十分と思います。

　登録商標は商標権者の独占的な所有物で、商標権者しか使用できませんが、

　商標権者は、第三者と契約して、

　第三者に、登録商標を「貸す」（ライセンスする）ことができ、

　その際、その第三者がさらに他人に「又貸しする」(サブライセンスする) こ
とを認めることができます。

　この又貸し（サブライセンス）ができる第三者が専用使用権者であり、

　又貸し（サブライセンス）ができない第三者が通常使用権者であるというこ
とになります。

③ 第1〜4章について
《第1章　公益性の観点からみたオリンピック知財の管理の在り方》

　コンビニの店頭に置かれた「おでんエンブレム」への組織委員会のクレームが
何を根拠になされているかを考察するには、まずは、組織委員会のオリンピッ
ク知財の管理の考え方が書かれている文書を探す必要がありました。

　幸いなことに、オリンピック知財の管理基準は、組織委員会が文書化した「大
会ブランド保護基準」[S205] と、さらにその基礎となる、オリンピック招致時に

文書化されたIOCと招致委員会の間の取決事項である「立候補ファイル」(S203)が、組織委員会のホームページで公表されていることがわかりました。

「立候補ファイル」及び「大会ブランド保護基準」を読むと、当時商標実務にさほど精通していなかった著者でも、弁理士受験で詰め込んだ知識だけで理解できることがわかりました。

第1章は、我が国の商標制度を含む知的財産制度の基本的な知識に基づいて、オリンピック知財の管理の考え方と、オリンピック知財の我が国での権利取得の現状と課題について整理しています。

第1章は、オリンピック知財の実態を、基本に忠実に我が国の知的財産制度に当て嵌めて説明しており、その基本を理解している筈の弁理士等の専門家には理解し易いと思いますが、一般の読者には表現が固く取っつき難いかもしれません。

そこで、一般の読者には、第2章から読まれることをお奨めします。

《第2章 開催都市契約とオリンピック知財の活用》

第1章の基になる論文は、著者自身がまだ「オリンピック」自体に対する知識を十分に整理していなかったため、そこで指摘した課題についてさらに考察するには、「オリンピック」自体について勉強する必要があると考えていました。

そこで、著者は、オリンピック憲章と開催都市契約のオリンピック知財に関係する部分を整理して、第2章の基になる論文をまとめました。

第2章は、第1章で登場するオリンピックの当事者であるIOCファミリーと東京都がどのような契約関係で結ばれているかを説明しています。

本書を執筆中の2021年2月に、森喜朗氏が組織委員会の会長を辞任して、橋本聖子氏が後継として会長に就任するという話題でメディアが大騒ぎをしていました。

第2章を読むだけでも、この大騒ぎの渦中にいた関係者が、どのような立場でものを言うべき（なのに言っていないの）か、メディアがオリンピックの契約関係をどれだけ正確に把握して報道しているのかについてよく解るのではな

いかと思います。

《第3章　オリンピック商標のライセンス活動の商標法上の位置付け》

　第2章の基になる論文を書き終えた段階で、著者の飲み会仲間の友人が、特許庁の広報誌に、NPO法人の知財活用に対する注意事項が書かれていることを伝えてくれました。

　NPO法人が自己の商標権を活用する際の注意事項を特許庁の職員が説明するという、東京オリンピックとは一見無関係に見える話題なのですが、著者はこの注意事項を読んだ瞬間に、弁理士受験の頃に頭に詰め込んだきり完全に忘却の彼方であった商標法のある条項を思い出してしまったのです。

　そしてこの注意事項が根拠とする商標法の条項によって、オリンピック商標のライセンス活用には商標制度を破壊するような大きな問題（オリンピック商標の違法ライセンス問題）があることに気が付いてしまいました。

　著者は第3章の基になる論文を急遽まとめました。

　著者は、この論文の原稿に興味を持った志ある弁理士の先生のアドバイスの下で、この大きな問題をセンセーショナルな告発形式にはせず、あくまでも客観的な立場で事実関係を中心に淡々と説明するようにしました。

　しかし、それでも第3章は、この大きな問題に直面した著者自身の戸惑いが滲み出ていると思います。

※ ※ ※ ※ ※ ※

　第3章の基になった論文がパテント誌に掲載された月に、論文で指摘したオリンピック商標の違法ライセンス問題について、
■第198回国会で小川敏夫参議院議員が質疑を行い、
■東京新聞が特報面で特集を組みました。

　著者が生まれて初めて経験した国会議員との面談をして、本格的に新聞取材を受けたときの様子を「Ⅳ．第3章ドキュメント」として書き下ろしてみました。

《第4章　オリンピック商標の違法ライセンス問題の解決策》

　第3章の基になった論文で指摘した大問題を受けて、その解決策を第4章の

基になった論文にまとめました。

　第4章は、果たして、第2章で整理したオリンピック知財の契約関係に基づいて、第3章で指摘した大問題（オリンピック商標の違法ライセンス問題）を解決して合法化できるのか、という実行不可能な指令（Mission Impossible）を命題として考察したものです。

　弁理士が十分に関与できない裁判や法改正によらずとも、この大問題を解決する可能性を示唆できるところが、知的財産制度の不思議なところです。

　考察するまでもないほど明らかなのですが、これだけの大問題を引き起こした責任の所在についても整理しています。

《IOCの登録商標『五輪』についての考察》

　本書の第1〜4章の基になった論文を執筆している間に、オリンピック商標に関してもう一つ大きな事件がありました。

　2017年12月19日に、IOCが日本語の『五輪』を商標登録出願したのです（2019年12月19日に商標登録されています）。

　第3章及び第4章のテーマである違法ライセンス問題が、幅広くオリンピック関係者を巻き込んだ経済事件であるのに対して、『五輪』の出願・登録は、特許庁の審査の問題の範囲で完結する事件ですが、日本語文化の破壊に繋がる恐れがあるという観点から、著者は大きな憂慮を抱いています。

　著者は、そのような思いから、2019年4月9日に、『五輪』の商標登録を取り消すために、特許庁に対して登録異議申立書を提出しました [002]。

　この問題に対する系統的な考察は登録異議申立書とその解説をした著者のブログ記事で行っており、本書では第1章と第2章でIOCが『五輪』を商標登録出願したことについて断片的に触れているだけですが、それでも、著者の問題意識は伝わるのではないかと思っています（IOCの登録商標『五輪』の問題は、別の機会にまとめてみたいと思っています）。

002　特許の無名塾『オリンピック関連登録商標の異議申立と違法ライセンス疑惑の狭間で（号外）：異議決定通知→特許庁は判断を実質放棄』（2019年08月25日）（http://patent-japan-article.sblo.jp/article/186470115.html）

《付録》

　コロナ禍の下で、2020年実施予定の東京オリンピックは１年延期が決まり、本書執筆時には、当初の構想通りの開催は不可能という状況になっている中、IOCファミリー、東京都及び政府が展開するオリンピックビジネスの責任の所在が限りなく不透明になっています。

　しかし、オリンピック憲章及び開催都市契約を読む限り、IOCファミリーの盟主たるIOCがオリンピックビジネスの最終的責任を有すると言わざるをえません。

　IOCのバッハ会長は弁護士でもあることから、我が国で展開するIOCファミリーによるオリンピックビジネスに大きな問題があることについて、知らなかったでは済まないという観点から、著者は、我が国が平成から令和に代わった2019年４月に、バッハ会長に我が国でのオリンピック商標の違法ライセンス問題を説明した上で、誠実に対応することを求めた書簡を送り、ネット上に公開しました[003]。

　本書にこの書簡の原文と参考訳文を付録として掲載しました。

Ⅲ．商標制度の概要

　第１～４章で、必要に応じて商標制度の基本的な説明はしていますが、基になった論文では、読者として弁理士を想定しているため、必要最小限の説明しかしていません。

　そこで、一般の読者のために、商標制度の概要をまとめておきます。

　商標制度は商標法という難解な法律が中心で、なかなか呑み込むのに難儀しますので、第１～４章を読みながら必要に応じて参照いただければと思います。

003　https://drive.google.com/file/d/1-b762Myg4849WtZ1tm4fDfy_G5fuvVr6/
　　　view?usp=sharing

① 商標を保護する意義

　商標は、需要者たる顧客がその商標に接すれば、商標が示す商品・サービスの購買意欲を刺激されるという顧客吸引力を有しており、商標の顧客誘引力を最大限に活用したい事業者にとって大きな財産的価値を有します。

　一方、商標は、その商標に接する需要者にとって、その商標に示される事業者・商品・サービスが信用するに足るものであることの判断基準になることから、商取引を含む経済秩序だけではなく、事業者が国、地方公共団体、非営利公益団体等であればなおさら、社会秩序の指標の一つとして極めて大きな公益的価値を有します。

　従って、商標法では、商標の財産的価値だけでなく、商標に付着する「信用」の公益的価値を保護するという他の知的財産制度にはない趣旨が貫かれています（商標法1条）。

② 商標の登録

2.1．商標登録出願

　商標法の保護対象となる商標は、特許庁の審査を受けて登録された登録商標です（商標法18条1項）。

　そこで、事業者が使用意志を有する商標について商標法の保護を受けたい場合、まず特許庁にその商標について商標登録出願をして（商標法5条1項）、特許庁の審査を受ける必要があります（商標法14条）。

2.2．登録要件

《識別力を有する商標》

　出願された商標は、審査官に識別力を有する（その商標が使用される商品・サービスが他の商品・サービスと混同することなく識別できる）と判断されると（商標法3条1項）、原則、登録査定され（商標法16条）、登録料が納付されると商標原簿に設定登録され登録商標となり（商標法18条2項）、出願人は登録商標の使用を専有できる商標権を取得して（商標法18条1項）商標権者になります。

《登録が受けられない商標》

　出願された商標が識別力を有すると判断されても、それを登録してしまうと公益や私益を阻害するような商標は、登録査定されません（商標法４条１項）。

　登録が受けられない商標は、商標法４条１項各号に列挙された19のカテゴリーに属するもので、そのうち公益を阻害するとされるのは以下の商標です。

（１号）国旗・菊花紋章・外国国旗等に同一・類似の商標

（２、３、５号）国の紋章・国際機関の表示標章等と同一・類似の商標

（４号）赤十字等の標章又は名称と同一・類似の商標

（６号）国・地方公共団体・非営利公益事業・団体等を表示する著名な標章と同一・類似の商標

（７号）公序良俗を害する惧れがある商標

（９号）博覧会の賞と同一又は類似の標章を有する商標

（16号）商品の品質又は役務の質の誤認を生ずる惧れがある商標

（18号）商品・包装の機能上不可欠な立体形状のみからなる商標

　これらの商標が特定の者に独占的に使用されれば、公益を阻害するであろうことは感覚的に理解できるかと思います。

《オリンピック商標》

　本書が考察の対象とするオリンピック商標は、商標法４条１項６号に規定される非営利公益事業・非営利公益団体の著名な標章（以下「公益著名商標」ともいいます）に該当するとされ（特許庁編「商標審査基準」）、原則登録を受けることができません。

　なお、特許庁が、オリンピック競技大会を非営利公益事業、IOCファミリーを非営利公益団体として取り扱っていること（が妥当であるのか）は、本書の考察が対象とする点です。

《登録が受けられない商標の例外》

　オリンピック商標は登録を受けられないにも関わらず、IOCファミリーは多くのオリンピック商標を登録商標として所有しています。

　これは、非営利公益団体が自身で公益著名商標を商標登録出願した場合は、

登録が認められるという例外規定が存在するからです（商標法4条2項）。

③ 登録商標の活用

《登録商標を使用できる者》

　登録商標は、原則、商標権者しか使用できません（商標法25条）。

《登録商標を使用できる者の例外》

　但し、商標権者は、他人に登録商標の使用権を設定又は許諾することができます（商標法30条1項、31条1項）。

　設定された登録商標の使用権を専用使用権（商標法30条1項）、

　許諾された登録商標の使用権を通常使用権といいます（商標法31条1項）。

　これらの使用権を有する者は、登録商標を使用することができます。

《ライセンスとサブライセンス》

　専用使用権と通常使用権をまとめてライセンスといい、商標権者はライセンサー、ライセンスを設定又は許諾された者をライセンシーといいます。

　専用使用権を設定されたライセンシーは、さらに他人に通常使用権を許諾する（サブライセンスする）ことができますが、

　通常使用権を許諾されたライセンシーは、さらに他人にサブライセンスすることができません。

　商標法4条2項の規定により登録を受けた公益著名商標の商標権者は、

　2019年5月27日以前に登録を受けた場合は、他人に専用使用権を設定し、通常使用権を許諾することができませんが（商標法30条1項但書、改正前の商標法31条1項但書）、

　2019年5月27日以降に登録を受けた場合は、通常使用権を許諾することだけはできるようになりました（改正商標法31条1項）。

④ 商標権の侵害

　登録商標の使用権を有さない者による登録商標の使用を、その登録商標に係る商標権の侵害といいます。

　商標権を侵害した者は、商標権者又は専用使用権者に民事的責任（差止請求、損害賠償請求等）を問われ（商標法36条１項、民放724条）、刑事的責任を追及されえます（商標法78条等）。

⑤　商標制度と文化の関係

　商標は言葉で構成される場合が多いので、その言葉を使う国の言語文化との関係も密接です。

　例えば、我が国で多くの人に伝統的に使用されている言葉が、特定の事業者によって商標として登録され、その事業者以外の者が商標として使用できなくなることは極めて理不尽な状況を招きます。

　例えば、「日本国」という国名を特定の事業者が商標登録してしまい、日本国内で「日本国」という言葉をうっかり使うことができない状況はあってはならないといえます。

　また、公序良俗を害する惧れのある言葉や図形で構成される商標は保護するに値しないといえます。

　そのため、商標法には、特定の者に登録されると公益が阻害される惧れがある商標は登録できないようになっています（商標法４条１項１～６号、７号、９号）。

　知財高裁は、誰でも自由に使用できる公有ともいうべき状態になっている商標等は、公益を害すると評価し得る場合があり、公序良俗を害する惧れに該当する場合があり得ると判示しています（知財高裁判決（平成19年（行ケ）第10391号））。

　著者は、この知財高裁の判示を頭に入れながら、IOCの登録商標『五輪』について考察しています。

Ⅳ．参考文献

《第１～４章の基になった論文の初出情報》

■第１章：『公益性の観点からみた東京オリンピックのロゴ等の知財管理』（「パテント」Vol.69 No. 8 （2016年）

■第２章：『公益性の観点からみた東京オリンピックのロゴ等の知財管理　開催都市契約とオリンピック知財の活用』（「パテント」Vol.71 No.10 （2018年））

■第３章：『公益性の観点からみた東京オリンピックのロゴ等の知財管理　オリンピック知財の商標法上の位置付け』（「パテント」Vol.72 No. 3 （2019年））

■第４章：『公益性の観点からみた東京オリンピックのロゴ等の知財管理　オリンピック関連登録商標の違法ライセンス問題の解決策』（「パテント」Vol.72 No.10 （2019年））

《著者のその他の文献》

　本書は、著者によるパテント誌に投稿掲載された以下の論文とブログ記事も基礎としています。

■『公益性の観点からみた東京オリンピックのロゴ等の知財管理の資産権利規則の試訳に基づく論考』（初出「パテント」Vol.70 No. 8 （2017年））

■ブログ『特許の無名塾　五輪知財を考える』

・オリンピック関連登録商標の違法ライセンス疑惑

http://patent-japan-article.sblo.jp/category/4511646-1.html

・『五輪』が危ない

http://patent-japan-article.sblo.jp/category/4528473-1.html

・オリンピック関連登録商標の異議申立と違法ライセンス疑惑の狭間で

http://patent-japan-article.sblo.jp/category/4528470-1.html

・五輪商標の出願・登録一覧

http://patent-japan-article.sblo.jp/category/4528520-1.html

・IOC会長との文通

http://patent-japan-article.sblo.jp/category/4528484-1.html

・違法ライセンス国会質疑（00：45：30〜01：09：47）

https://www.youtube.com/watch?v=-VHkHLwZ3WE

《特に参考になった文献》

　本書ではオリンピック知財を専ら法的観点を切り口として考察していますが、オリンピック知財を歴史・文化的観点を切り口として考察している以下の著作は、オリンピック知財の全貌を把握する上で本書と相補関係にある極めて優れた考察であり、多くの示唆をいただき、随所で参考にさせていただきました。

■友利昂『オリンピックvs便乗商法―まやかしの知的財産に忖度する社会への警鐘』（株式会社作品社）2018年11月20日初版

■小川勝『オリンピックと商標主義』（集英社新書）2012年6月20日第1刷

■小川勝『東京オリンピック　「問題」の核心は何か』（集英社新書）2016年8月22日第1刷

《インターネット上の文献》

　東京オリンピックはIOCファミリー、東京都及び政府によるビッグプロジェクトですから、これらの当事者を始めとして、様々な分野の個人・メディアの論説がインターネット上に溢れており、本書の基になった論文でも、有用な情報源として引用しています。

　引用したインターネット上の文献のうち、引用頻度の高い文献は序章「Ⅴ.1．使用頻度の高いサイトのURL」で表にまとめていますので、第1〜4章の注の（S＊＊＊）となっている番号はこの表の該当するURLを参照できるようにし、その他の文献は第1〜4章の注でその都度URLを付しています。

　但し、インターネット上の文献の掲載サイトのURLが論文執筆時から変更されたり、サイトでの掲載が取り止めになるなどして、本書執筆時には引用文献にアクセスできなくなっているものがありました。

　そこで、本書執筆時に、可能な限り、変更されている場合は変更後のURLに

書き換えています。

　サイトでの掲載が取り止めになっているものはアクセスのしようがないのですが、論文執筆時のURLをそのまま残しています。

　本書の読者におかれましては、このような事情についてご理解いただければ幸いです。

《使用頻度の高い用語の略記》

　IOCファミリーの組成基を含めて我が国のお役所的組織が使用する用語はやたらに長々としているため、本書では使用頻度の高いこれらの用語について略語を使用しており、その対応関係を序章「Ⅴ．２．使用頻度の高い略語」で表にまとめておきました。

　コロナ禍の最中で、東京オリンピック絡みの話題は尽きることなく語られたこともあり、これらの略語については読者におかれても違和感はないことと思います。

Ⅴ．本書で使用頻度の高い事項

① 引用頻度の高いサイトのURL

事項	注番号	URL
オリンピック憲章　2016年8月2日から有効版	S100	https://www.joc.or.jp/olympism/charter/pdf/olympiccharter2016.pdf
オリンピック憲章　2017年9月15日から有効版	S101	https://www.joc.or.jp/olympism/charter/pdf/olympiccharter2017.pdf
オリンピック憲章　2018年10月9日から有効版	S102	https://www.joc.or.jp/olympism/charter/pdf/olympiccharter2018.pdf
オリンピック憲章　2019年6月26日から有効版	S103	https://www.joc.or.jp/olympism/charter/pdf/olympiccharter2019.pdf
組織委員会HP	S104	https://tokyo2020.jp/jp/
組織委員会定款	S200	https://gtimg.tokyo2020.org/image/upload/production/dnibzgn6uy1agqu6oynt.pdf
大会計画	S201	https://tokyo2020.jp/jp/games/plan/
立候補ファイル	S202	https://tokyo2020.org/ja/organising-committee/candidature/
知的財産の保護	S203	https://tokyo2020.org/ja/utilities/copyright
大会ブランド保護基準	S204	https://gtimg.tokyo2020.org/image/upload/production/ujqwxe8cojnsrmewsbfa.pdf
スポンサー企業	S205	https://tokyo2020.org/ja/organising-committee/marketing/sponsors/
組織委員会およびその他の経費（祭り）（2017年12月）	S206	https://tokyo2020.org/ja/organising-committee/budgets-ver2/
東京2020応援プログラム（祭り）実施条件	S207	https://participation.tokyo2020.jp/jp/data/matsuri2018_pledge.pdf
大会ボランティア	S208	https://tokyo2020.org/ja/games/volunteer-activity/
スポンサーシップについて	S209	https://tokyo2020.org/ja/organising-committee/marketing/sponsorship
東京2020エンブレム選考の過程	S211	https://tokyo2020.org/ja/games/emblem-archive/
開催都市契約2020	S300	https://www.2020games.metro.tokyo.jp/taikaijyunbi/taikai/hcc/index.html
開催都市契約（日本語訳）	S301	https://www.2020games.metro.tokyo.lg.jp/joinder-agreement-JP.pdf
併合契約（日本語訳）	S302	https://www.2020games.metro.tokyo.lg.jp/joinder-agreement-JP.pdf
付属合意書No.2（日本語訳）	S303	https://www.2020games.metro.tokyo.lg.jp/addendum-agreement-2-JP.pdf
付属合意書No.3（日本語訳）	S304	https://www.2020games.metro.tokyo.lg.jp/30b0b99cf6b90e5bd38a2f26cfa4e8e2.pdf
付属合意書No.4（日本語訳）	S305	https://www.2020games.metro.tokyo.lg.jp/ae336d2f520350b2b72571650c5a58558_1.pdf
開催都市契約（英語）	S306	https://www.2020games.metro.tokyo.lg.jp/c32282c762e2818f5393904fe96e327.pdf
併合契約（英語）	S307	https://www.2020games.metro.tokyo.lg.jp/joinder-agreement-EN.pdf
付属合意書No.2（英語）	S308	https://www.2020games.metro.tokyo.lg.jp/addendum-agreement-2-EN.pdf
付属合意書No.3（英語）	S309	https://www.2020games.metro.tokyo.lg.jp/c32282c762e2818f5393904fe96e327.pdf
付属合意書No.4（英語）	S310	https://www.2020games.metro.tokyo.lg.jp/HCC%2020%20%20Addendum%204 execution%20copy.pdf
公益法人制度とNPO 法人制度の比較について	S400	https://www.cao.go.jp/others/koeki_npo/koeki_npo_seido.html
国・都道府県公式公益法人行政統合情報サイト	S500	https://www.koeki-info.go.jp/
特許情報プラットフォーム	S600	https://www.j-platpat.inpit.go.jp/web/all/top/BTmTopPage

② 使用頻度の高い用語の略語

正式名称	略称又は略記
「第32回東京オリンピック競技大会（2020／東京）」及び「東京2020パラリンピック競技大会」	東京オリンピック、又は、2020年東京大会
開催地が確定・決定したオリンピック競技大会の略称	開催年＋開催地＋大会
第34回ロサンゼルスオリンピック競技大会（夏季）	2028年ロス大会
第23回平昌オリンピック競技大会（冬季）	2018年平昌大会
第31回リオデジャネイロオリンピック競技大会（夏季）	2016年リオ大会
第30回ロンドンオリンピック競技大会（夏季）	2012年ロンドン大会
第23回ロサンゼルスオリンピック競技大会（夏季）	1984年ロス大会
第18回東京オリンピック競技大会（夏季）	1964年東京大会
国際オリンピック委員会 (International Olympic Committee)	IOC
国際パラリンピック委員会 (International Paralympic Committee)	IPC
公益財団法人日本オリンピック委員会	JOC
公益財団法人日本障がい者スポーツ協会 日本パラリンピック委員会	JPC
特定非営利活動法人東京2020 オリンピック・パラリンピック招致委員会	招致委員会
公益財団法人東京オリンピック・パラリンピック 競技大会組織委員会	組織委員会
オリンピック憲章規則7.4	資産権利規則
大会ブランド保護基準	保護基準

第 *1* 章
公益性の観点からみた
オリンピック知財の管理の在り方

▌ はじめに

　東京オリンピックのロゴ等の知的財産（以下「オリンピック知財」）は、IOC
のオリンピック資産 [101] の一部であるとして、我国では、組織委員会が管理す
るとされている（大会ブランド保護基準 [S205]）。

　組織委員会は、少なからぬ税金が投入された日本国民にとって高度に公益的
な目的を有する公益財団法人であるので [102] [103]、オリンピック知財の管理
（以下「オリンピック知財管理」）の在り方を客観的な考察の対象とすることは、
相応に意義があると筆者は考える。

　筆者は、東京オリンピックが組織委員会の下で成功し、国民全体の喜びとな

101　「オリンピック資産」とはオリンピック憲章規則7.4 [S101] に
　　「オリンピック・シンボルとオリンピックの旗、モットー、讃歌、オリンピックと特定
　　できるもの（「オリンピック競技大会」と「オリンピアード競技大会」を含むがそれら
　　に限らない）、名称、エンブレム、聖火およびトーチは以下の規則 8 ～ 14 が定義する通
　　り、さらに、IOC、NOCおよび／またはOCOGによりオリンピック競技大会に関連し
　　て公認されたその他の音楽作品、音声・映像作品、またはその他の創作品や人工物は、
　　集合的にあるいは単独で便宜上、「オリンピック資産」と呼ぶことができる」
　　として定義されている。
102　「公益財団法人」は「学術、技芸、慈善その他の公益に関する23種類の事業であって、
　　不特定多数の者の利益の増進に寄与する」事業の比率が50％以上であり [S400]、行政庁
　　（内閣府、都道府県）によって公益認定がされている [S500]。
103　公益法人制度 [S400] によれば、組織委員会は、
　　・東京オリンピックの成功を通じて国民一般の利益の増進に寄与することを目的とし、
　　・国民の税金が投入されている公益財団法人であるといえ、以下に反映される。
　　(a)「2020年に開催される第32回オリンピック競技大会及び第16回パラリンピック競
　　　　技大会…の準備及び運営に関する事業を行い、もって大会の成功に期することを目
　　　　的」とする公益財団法人である（定款 3 条）；
　　(b)設立者は東京都及び公益財団法人日本オリンピック委員会で、それぞれ 1 億 5 千万
　　　　円ずつ拠出している（定款 5 条）；
　　(c)内閣総理大臣が議長である顧問会議が置かれている（定款38条）。

ることを心から願っており、本論考がその一助になればと思っている。

　但し、客観的に論考の筋を通す過程で、耳の痛い要素があるかもしれないが、東京オリンピックの成功に向けた筆者なりの提案と受け取っていただければ幸いである。

Ⅰ．招致委員会によるオリンピック知財管理の考え方

① 立候補ファイル

　組織委員会のホームページに掲載される「立候補ファイル」^(S203) によると、2013年1月7日に、招致委員会は立候補ファイルをIOCへ提出している。

　立候補ファイルには、オリンピック立候補都市（以下「立候補都市」）に対するIOCの要請事項と、当該要請事項に対する立候補都市の回答が記載されており、オリンピック知財管理については「テーマ4　法的側面4.3」と「テーマ7　マーケティング7.3.1」に説明されている。

②「テーマ4　法的側面4.3」の概要

〔IOCの要請〕

　オリンピック関連マーク（「オリンピック・シンボル」「パラリンピック・マーク」「エンブレム」「ロゴ」を例示）とオリンピック関連名称（「オリンピック」「オリンピアード」「オリンピック・モットー」「パラリンピック」を例示）とを、国の法的保護を中心にIOC及びIPCの要求通りに保護し、その保護を保証すること。

〔招致委員会の回答〕

　日本国においては、オリンピック関連マーク及び名称は「商標法」等の知的財産制度により保護され、水際や国内での模倣品・海賊版などの知的財産権侵害物品の取締りが積極的に実施されている。

③「テーマ7　マーケティング7.3.1」の概要

〔IOCの要請〕

　アンブッシュ・マーケティングの効果的削減と制裁（オリンピック・スポンサーの競合企業による不正競争の防止など）に必要となる法規制が、2018年1月1日までに成立することを確約する政府の関係当局の保証書を提出すること。

〔招致委員会の回答〕

　日本国においては、「不正競争防止法」により、オリンピック・マークを許可なくオリンピックと関連づけた形で商標として使用するなどの便乗行為は、刑事罰の対象として厳しく規制されており、さらに、IOC、大会組織委員会及びオリンピック・スポンサーの各種の権利は知的財産権[104]を保護する法律に基づき確実に保護される。

Ⅱ．組織委員会によるによるオリンピック知財管理の考え方

① 大会ブランド保護基準

　組織委員会HP[S200]に掲載されている「大会ブランド保護基準」[S205]（以下「保護基準」ともいう）は、立候補ファイルにおけるIOCの要請と招致委員会の回答による東京オリンピック招致時のオリンピック知財管理の考え方を国内向けに解説し、招致委員会の回答に示されたオリンピック関連マーク及び名称の保護を組織委員会が管理・実行する旨を、対外的に主張・警告したものである。

　以下にその概要を説明するが、用語を以下のように整理する。

●保護基準では、東京オリンピックを「東京2020大会」と略称している。

104　注103(c)の事情を有する組織委員会が使用する国内に関する用語であるので、本論考では「知的財産権」を知的財産基本法2条2項に定義された内容（当然に、組織委員会が例示する「特許権」「意匠権」「商標権」「不正競争法に基づく権利」「著作権」を含む）であることを前提とする。

●保護基準でいう「東京2020大会関連マーク（エンブレム、ロゴ、スローガン等）をはじめとしたオリンピックおよびパラリンピックの知的財産」を、以下では「オリンピック知財」という。

② オリンピック知財の所有者と管理者

保護基準「1」冒頭は、立候補ファイルにおける招致委員会の回答を受けて、東京オリンピックのロゴ等の知的財産の所有者はIOC及びIPCであり[105]、管理者は組織委員会であるということを宣言している。

③ 大会関連マークの知的財産の使用を認められた者

保護基準「はじめに」によれば、大会関連マークの知的財産について、東京2020大会スポンサー等の特定の者[106]に使用を認め、特に、東京2020大会スポンサーには、IOC又は組織委員会と合意した業種において排他的な商業的利用権が与えられる[107]。

---

105 保護基準の「はじめに」に掲載されているオリンピック憲章7.4[S205]によれば、東京オリンピックのロゴ等は「オリンピック資産」として独占的にIOCに帰属するとする。なお、この和訳は最新版のオリンピック憲章7.4のJOCの参考和訳[S101]と内容が相当に異なる。何故このような日本語訳を掲載するのか不明であるが、公益的観点からみて適切とはいえない。

106 保護基準には、
(a)東京2020大会スポンサー
(b)RHB（大会放送権者）
(c)開催都市・各府省および開催会場となる自治体
(d)新聞、テレビ、雑誌等の報道機関（報道目的に限る）
(e)JOC及びJPC
(f)地方自治体（使用できる権利、品目は組織委員会が許諾したものに限る）
(g)その他組織委員会が使用を適当と認める組織／団体／事業
が列挙され、(a)はトヨタ等を含む国内外グローバル大企業からなるワールドワイドオリンピックパートナー（IOCのスポンサー）とNTT等を含む国内大企業からなるローカルパートナー（組織委員会のスポンサー）からなる。

107 契約内容は不明である。

④ オリンピック知財を保護する理由

保護基準「1」によれば、

「オリンピック・パラリンピックマーク等の無断使用、不正使用ないし流用は、アンブッシュ・マーケティングと呼ばれ、IOC、IPC等の知的財産権を侵害するばかりでなく、スポンサー等からの協賛金等の減収を招き、ひいては大会の運営や選手強化等にも重大な支障をきたす可能性があります」

とのことである。

⑤ オリンピック知財の例示

保護基準が主なオリンピック知財として例示する中から、マーク及び用語に関するものを抜粋して表1‐1及び表1‐2にまとめた。

保護基準によれば、これらのマークは「知的財産であり保護の対象となり」、これらの用語も「知的財産であり保護の対象となるため、自由に使用することはできません」とのことである。

⑥ オリンピック知財の法的保護

保護基準「5」によれば、

「オリンピック・パラリンピックに関する知的財産とイメージは、日本国内では「商標法」「不正競争防止法」「著作権法」等により保護」され、各法に権利侵害の禁止及び刑事罰に関する規定があり、

「オリンピックシンボル、パラリンピックシンボル、大会エンブレム、JOC第2エンブレム、「がんばれ！ニッポン！」等の商標は、IOC、IPC、JOC、JPCまたは組織委員会により、広汎な指定商品もしくは指定役務において商標登録されております」とのことである。

⑦ アンブッシュ・マーケティングの防止の意義 [108]

保護基準「6」は以下のように説明する：

（1）「大会の運営経費の大部分をマーケティングによる財源調達に依存してい

る」[109]；

（2）「マーケティングの根本は…「知的財産」をスポンサーシップ、ライセシング等の権利として、カテゴリーごとに独占的に企業等に対し販売するものです」；

（3）「アンチ・アンブッシュは東京オリンピックのロゴ等の知的財産を守るだけではなく、マーケティング活動の一部として「絶対に不可欠」な要素になってきました」；

（4）「日本国政府は…IOCおよびIPCに対しアンブッシュ・マーケティング防止に関する保証書を提出しています」[110]

8 アンブッシュ・マーケティングとして問題となる例

保護基準「7」は以下を問題となる例として挙げている。

(a)大会エンブレムの無断使用

(b)使用が認められていない組織／団体の大会エンブレムの使用

(c)オリンピックシンボルの使用

(d)オリンピックを想起させる[111]用語の使用

(e)オリンピック用語とトーチイメージの使用

(f)使用権利保有者以外のPR誌の発行

(g)オリンピックシンボルを想起させる[111]グラフィック

(h)各企業のプレスリリースにおいて「「オリンピック」「パラリンピック」の名称およびそれらを想起させる[111]ような表現を、オリンピック・パラリンピックのイメージを流用する[111]態様で使用することはできません」とのこ

108　中村仁、土生真之「スポーツイベントの商標保護〜アンブッシュ・マーケティングを中心として〜」パテント67巻5号23−29頁2014)
　　　「アンブッシュ・マーケティング」をわかり易く解説・論考しており参考になる。

109　保護基準「2」によれば、大会の収入源のうち「ローカルスポンサーシップ」「チケット販売」「ライセシング」の合計が54%である。

110　「保証書」については立候補ファイル「テーマ4　法的側面4.3」「テーマ7　マーケティング7.3.1」で言及されているが、保証書自体は添付されていないようである。

111　「想起させる」「流用する」という言い回しは、少なくとも知的財産法には見いだせないので、法的に何を意味しているのか不明である。

とである。

(ⅰ)「以下のような用語を用いてオリンピック・パラリンピックのイメージを流
用する[111]ことはアンブッシュ・マーケティングととられる場合があります
ので使用しないでください」と説明している：

「Tokyo2020●●●●●●」「目指せ金メダル」「●●●リンピック」「ロンド
ン・リオそして東京へ」「祝！東京五輪開催」「2020カウントダウン」「2020
スポーツの祭典」

Ⅲ．保護基準におけるオリンピック知財管理についての考察

① 保護基準の要約

保護基準での組織委員会の主張・警告[112]は、以下の(A)～(D)に要約できそう
である。

(A) IOCがオリンピック知財を「オリンピック資産」として独占的に所有し、
組織委員会が国内においてオリンピック知財の知的財産を管理する。

(B) 組織委員会は、活動を支える収入源を確保するためにオリンピック知財
をライセンス活用(特定のスポンサー等に対して協賛金等の支払いを条件に、
オリンピック知財の排他的な商業的利用権を付与) する。

(C) 組織委員会は、協賛金等の減収を招き、組織委員会の活動に支障をきた
す恐れがあるオリンピック知財の使用及びアンブッシュ・マーケティングを
防止する。

(D) 組織委員会は、アンブッシュ・マーケティングを防止するため、知的財
産法の規定に基づき、オリンピック知財を、「特定の者以外の者」が自由に
使用することを禁ずる[112]。

112　第1章Ⅰ．で引用するように保護基準は「使用することはできません」「使用しないで
ください」と柔らかく表現しているが、要は「使用を禁ずる」と警告している。

2 保護基準のオリンピック知財管理に対する違和感について

（**1**）　自由主義経済制度における契約自由の原則の下で、自己の管理する知的
財産をライセンス活用し、その活用を阻害させないように第三者に主張・警
告をすることは、正当な経済行為であるので、組織委員会が主張・警告（A）
～（D）を公に示すことは法的に何ら問題ないと考えられる[130]。

（**2**）　一方、契約自由の原則は、自由に経済行為をなしうる当事者間の調整原
則であり、保護基準の場合の「当事者」は、一方が主張・警告主体の「組織
委員会」、他方が主張・警告対象の「特定の者以外の者」となる。

　　しかし、「組織委員会」と「特定の者以外の者」とは自由に経済行為をなし
うる者であるというだけでなく、以下の考慮すべき公益性を備えている。即
ち、組織委員会は、東京オリンピックという国家的事業の運営主体であり、
かつ、少なからぬ税金が投入されている高度に公益性を要請される公益財団
法人であり、組織委員会が主張・警告の対象として想定する「特定の者以外
の者」とは、納税者でもあり組織委員会に要請される公益性の受益者である
一般国民及びその一般国民が営む商店等の中小企業（以下、まとめて「中小
企業等」）が多く含まれる。

（**3**）　それにも拘らず、保護基準は、自由に経済行為をなしうる当事者間の調
整原則を前面に押し出した内容となっており、上記した公益性の観点からの
考慮が乏しく、オリンピック知財管理の内容は公益受益者に対してわかり易
いと思えない点に筆者は違和感をもつ。

（**4**）「公益受益者に対してわかり易く説明する」ということは、高度な公益性
を要請される組織委員会に課せられた責任の１つであると思われる[113]。

130　第１章の基になった論文の執筆時に、著者がオリンピック知財の違法ライセンス問題に
　　気が付いていなかったため、この部分の説明は間違っています。本書終章「Ⅲ．２」で
　　釈明させていただきました。
113　東京オリンピックが刻々と迫る中、弁理士に対する、組織委員会のオリンピック知財管
　　理の情報に関する中小企業等からのニーズは非常に大きい。

Ⅳ．保護基準のわかり難い点をさらに考える

① オリンピック知財を保護する権利の明示の観点

（1）「特定の者以外の者が自由に使用することを禁ずる」という組織委員会の主張・警告（D）は、「特定の者以外の者」に対するオリンピック知財の使用の差止請求を念頭においた警告といえる。

（2）「おたくさんは、いったい何の権利があって私らにそんなことを要求するのですか」とは、映画やテレビドラマによくでてきそうなセリフだが、案外事の本質を突いている。

　　他人の経済行為を差し止めることは、自由主義経済制度の下、本来は自由になせるその他人の経済行為を制限することになるので、例外的に、法定された権利を有する者による、他人の特定の法定された行為に対してしか認められていない。

　　知的財産権は、他の経済法に基づく権利に比べて、例外的に差止請求権が規定されており、他人に対して極めて制裁力の強い権利である[114]。

　　そのため、知的財産権に基づく差止請求は、通常は、その根拠となる権利の内容を相手側に示した上でなされる。

（3）一方、自由主義経済制度の下では、何ら権利を有さない者は、経済行為をなす前に、その経済行為を差止請求の対象とする権利の有無を予め調査することが要請されるといってよい。

　　しかし、主張・警告（D）の対象には中小企業等が多く含まれ、これらの中小企業等は、ネットにアクセスするための機器すらもたない[115]場合も多く、難解な知的財産権の調査をする十分な能力及び資力を有するとは思えない場合が少なくない。

（4）従って、高度の公益性を考慮したわかり易い説明の観点から、組織委員会は、漫然とした説明と例示をするだけでなく、主張・警告（D）の根拠と

114　差止請求が裁判所に認められると、差止請求権を行使された側は、商品の生産販売活動を停止せざるをえず倒産に繋がるリスクを抱えることになる。

115　ネットにアクセスできなければ「保護基準」にアクセスすることも容易ではない。

なる権利の内容を、例えば、登録番号等を含め整理した内容にして積極的に提示した方がよいと思うのである。

② 権利の性格を考慮したオリンピック知財管理の観点

（1）商標権は、商標法に規定される差止請求権を備える権利であり、特許庁により審査を経て設権され登録公示され、権利の存在が公に確定されている有効性の高い権利である。

故に、「商標権を有する」ので「使用を禁ずる」という言い方は、言った方に正当性があり（法的根拠が明確で）、言われた方も納得し易い（わかり易い）ということになる。

（2）一方、不正競争防止法に基づく権利及び著作権は、裁判で争うことによって権利の存否が確定する権利である。

故に、例えば「著作権を有する」という言い方をされても、裁判で権利の存否が確定するまでは、それは「著作権を有する」と自称しているにすぎず、厳密には言った方に正当性があるとはいい切れず、「著作権を有するので使用を禁ずる」と言われた中小企業等には、これをどう受け止めてよいのかわかり難いともいえる。

（3）自由に経済行為をなしうる者が、「○○権を有する」と自称して、差止請求することを念頭に置き何らかの経済行為の禁止警告を相手側にすることは法的に許容され得る。その者が裁判で決着をつける覚悟で権利所有を自称しているのであり、それはその者の自由である。

しかし、高度の公益性の観点から、組織委員会が中小企業等にそのような禁止警告をすることには一定の配慮が必要であろう。

③ アンブッシュ・マーケティングの範囲の曖昧さの観点

保護基準は、Ⅱ.4の言い回しのように、全体にアンブッシュ・マーケティングに関する説明の歯切れが悪く、その範囲が、知的財産権により保護しうる知的財産と、保護しきれない知的財産の両方を含んでいるように読める。

　その結果、保護基準が例示する「アンブッシュ・マーケティングとして問題となる例」には、知的財産権の保護範囲に入る可能性が高いものと、入らない可能性の高いものが混在しているように見える。

　そのため、筆者のような知的財産制度の専門家でも、知的財産権の保護範囲に入らない可能性の高いものについては、いったい何を根拠に「問題となる例」として主張・警告しているのかがよく解らないということになる。

　本論考では、以上の3つの観点から、商標権が相対的にわかり易い権利であることを考慮して、オリンピック知財の商標管理を中心に考察する。

Ⅴ．オリンピック知財を保護する商標制度について

① 組織委員会が例示するマーク及び用語に関係する商標権の有無

（1）商標権による他人の商標の使用を禁止できる効力（以下「商標権の禁止権」）の範囲は、商標権に係る指定商品・役務と同一又は類似の商品・役務に使用される登録商標と、同一又は類似の商標に及ぶ。

　従って、「特定の者以外の者」である中小企業等は、組織委員会に、商標権における登録商標と指定商品・役務の情報を提示してもらえれば、その商標権の禁止権の範囲を考慮して自らの商標の使用を検討することができる。

（2）筆者が試しに、組織委員会が例示するマーク及び用語に関する知的財産に関する商標登録状況を表1-1及び表1-2に整理してみた（表中の「保護基準の例示の一部」のマーク・用語は「大会ブランド保護基準Version 5.0 February 2020」から引用し、登録商標の図形は「特許情報プラットフォーム」(S600)の検索結果の画像を引用した）。なお、表1-1及び表1-2は筆者の大雑把な検索によるので検索漏れ等の不備がありえる点はご了承いただきたい。

　表1-1及び表1-2の左欄に、組織委員会が例示する使用禁止を要請するマーク及び用語をまとめ、

　表1-1及び表1-2の右欄に、当該マーク及び用語と関連しそうな出願又

〔表 1-1〕

		保護基準の例示の一部		登録番号	商標権者	商標	区分	数
マークに関するオリンピック知財	m1	オリンピックシンボル	[五輪]	〈1026242〉	IOC	[五輪]	2,8,13,15,20-24, 26-27,31,33-34, 45以外	30
	m2	パラリンピックシンボル		〈0821377〉	POC		14,16,41	3
	m3	東京2020オリンピックエンブレム		6008759	組織委員会		01~45	45
	m4	東京2020パラリンピックエンブレム		6008761	組織委員会		01~45	45
	m5	大会マスコット		6076124 6076125	組織委員会		01~45	45
	m6	ピクトグラム		6222826 等 各ピクトグラム毎 多数	組織委員会	等	35,41	2
	m7	大会呼称	Tokyo 2020	5626678	組織委員会	TOKYO 2020 (標準文字)	01~45	45
	m8	大会モットー	United by Emotion	6298500	組織委員会	United by emotipn (標準文字)	01~45	45
	m9	JOC第1エンブレム						
	m10	JOC第2エンブレム		1区分ずつ 3229229等 42登録	JOC		43-45以外	42
	m11	JPC第1エンブレム						
	m12	JPC第2エンブレム						
	m13	JOCスローガン	がんばれ!ニッポン!	4470504	JOC	がんばれ!ニッポン!	01	1
				4481000			13, 43-45以外	42
				4826259			33	1
				4868683			16	1
				4902995			41	1
				4902995(01)			13	1
				4902995(02)			45	1

は登録商標を対応させた。

（3）このようにしてみると以下のことがいえる：

　（3-1）オリンピックシンボル（m1）、パラリンピックシンボル（m2）、JOC第2エンブレム（m10）、JOCスローガン（m13）及び大会呼称（m7）は、

　　同一又は類似度が極めて高いといえる組織委員会の対応する登録商標が

〔表1−2〕

		保護基準の例示の一部	登録番号/出願番号	商標権者	商標	区分	数
用語に関するオリンピック知財	大会名称	w1 式正大会称	第32回オリンピック競技大会／Games of the XXXII Olympiad／東京2020パラリンピック競技大会／Tokyo 2020 Paralympic Games					
		w2 通称大会	東京2020オリンピック競技大会／Tokyo 2020 Olympic Games／東京2020オリンピック・パラリンピック競技大会／Tokyo 2020 Olympic and Paralympic Games					
		w3 略称大会	東京2020大会／Tokyo 2020 Games 東京2020／Tokyo 2020					
	その他の用語	w4	オリンピック	〈1128501〉	IOC	OLYMPIC	23以外	44
		w5	オリンピズム					
		w6	オリンピアン	〈1056066〉	IOC	OLYMPIAN	1,3−6,10−12,14,17− 19,25,32,35−40,42−44	23
		w7	オリンピアード	〈1128499〉	IOC	OLYMPIAD	8,15,20−24,26−27, 31,33−34以外	31
		w8	パラリンピック	5167413	組織委員会	パラリンピック（標準文字）	41	1
				6009922	組織委員会	PARALINPIC（標準文字）	9,10,12,35,36,41	6
		w9	パラリンピアン	[2015−085606] 出願却下	ベストライセンス株式会社	PARALYMPIAN（標準文字）	9,16,35,41,42,45	6
		w10	Citius, altius, Furtius	1145651	IOC	Xª OLYMPIAD LOS ANGELES 1932	25,35,41	3
		w11	Faster, Higher, Stronger					
		w12	より速く、より高く、より強く					
		w13	Spirit in Motion	〈0822073〉	POC	SPIRIT IN MOTION	14,16,25,35,41	5
		w14	聖火／聖火リレー トーチ／トーチリレー	1077718	組織委員会	聖火	16,27	2
		w15	オリンピック日本代表選手団／パラリンピック日本代表選手団					
		w16	がんばれ！ニッポン！	m13（JOCスローガン）参照				

〔備考〕登録番号・出願番号で〈******〉は国際登録、［****−****］は商願

ある；

（3−2） JOC第1エンブレム（m9）はIOCの登録商標（国際登録1026242）を含み、JPC第1エンブレム（m11）及びJPC第2エンブレム（m12）はJOC及びJPCの登録商標（国際登録10262410821377）を含む；及び

（3−3） w1〜w3及びw15、w4「オリンピック」、w6「オリンピアン」、w7「オリンピアード」、w13「Spirit in Motion」、w14のうちの「聖火」「聖火リレー」、w16「がんばれ！ニッポン！」も、

　それぞれ、上記（3−1）及び（3−2）の登録商標並びにIOC及び組織委員会の登録商標に同一である、同一の部分を含む、又は称呼が同一若しくは称呼が同一の部分を含む；

　などを理由に注意を要し、中小企業等は、かかる注意の下で、これらの

商標について、指定区分に記載された指定商品・役務を精査すれば、商標権の禁止権の範囲を具体的に判断しえる。

（4）一方、w5、w9〜 w12、w14のうちの「トーチ」「トーチリレー」等の対応する登録商標がなさそうな用語は、

商標権の禁止権の範囲に入っていない、言い換えれば、商標権で保護されているわけではない、といえるかもしれない[116]。

（5）中小企業等が個々に弁理士にこのような調査を依頼すれば、費用と手間の総計は莫大なものとなるので、公益性の観点から、組織委員会は自己の所有する商標権の内容を具体的に自ら開示する方が合理的であるように思われる。

例えば、保護基準に、組織委員会が管理する出願・登録商標と指定商品・役務、審査状況がリストされた資料を添付しても良いと思われる。

② 権利化の過程の合理性

商標登録出願（以下「出願」）の出願人は種々の思惑を抱いており、本来の制度趣旨に沿っているとは言い難い出願の仕方をした場合であったとしても、それが後述する商標法の目的を阻害することにならないように登録要件が整備されており、審査で登録要件を満たすと判断されれば当然に登録されるので、その限りにおいて、出願人が制度を合法的に巧みに利用しているということであって、責められるべきものではないと思われる。

しかし、高度な公益性が要請される出願人の場合は、そのような出願の仕方をすると、公益性との関係で非常に無理が生じるように思われる。

この点について、特許情報プラットホーム[S600] で入手できる情報に基づき、組織委員会の登録商標「TOKYO2020」（商標登録5626678）の出願を例にし

116　w8（パラリンピック）に対応する出願（商願2013−099481）は、審査に2年係属しており、2016年3月15日現在で未登録である（第3者の既登録商標に影響を受けているのかもしれない）。w9（パラリンピアン）も第3者の先願商標の存在が審査にどう影響するか注目される。

て考察してみる。

2.1. 予備知識

2.1.1. 商標法3条1項柱書

（1）商標法の目的は「商標を保護することにより、商標の使用をする者の業務上の信用の維持を図り、もつて産業の発達に寄与し、あわせて需要者の利益を保護すること」（商標法1条）であるから、出願商標は「自己の業務に係る商品又は役務について使用をする」ことが課せられる（商標法3条1項柱書）。

　但し、出願時は出願商標を使用していなくても将来の使用意思を有すれば足り、だからといって審査で使用意思を必ずしも確認されわけではなく、他の登録要件を満たせば、出願商標は登録査定がなされる。

　しかし、かかる制度趣旨の下では、商標の使用権者が継続して3年間使用しなかった（以下、「不使用」）登録商標は取消審判の対象となる（商標法50条1項）。

（2）通常の出願では、出願人は、制度趣旨と出願費用を含む経済合理性を考慮して、自己の事業に関係して商標を使用する必要十分な数の商品・役務を指定する。

　しかし、例えば、老人用雑貨の小売に使用する商標の場合、販売商品等を列挙して35類[117]を指定することが合理的である。

2.1.2. 商標法3条1項6号

商標法の保護対象である「商標の使用をする者の業務上の信用」には、商標の自他商品・役務識別力（需要者が何人かの業務に係る商品又は役務であることを認識することができる機能）が含まれる。従って、出願商標は自他商品・役務識別力を有することが課せられる（商標法3条1項6号）。

2.2. 登録商標「TOKYO2020」の出願経過

（1）当該出願は、出願日が2012年1月18日、出願人が招致委員会（当初の

117　35類はデパート等の小売り役務のための区分である。

出願人はJOCであったが４月後に名義変更された）、出願商標が標準文字で「TOKYO2020」であり、特許庁が分類した我が国の全産業に渡る商品・役務の全て（45区分）を指定し、各区分に数十種類の商品・役務が列挙されている。

（２）当該出願は、審査官から２つの拒絶理由を通知された：

〔拒絶理由１〕

　　２、13、15、23、25、27、32～34、38類以外は「出願人がこれらの事業を運営している事実を見出すことができず…この商標登録出願に係る商標を使用しているか又は近い将来使用する予定があることについて確認することができ」ないとする商標法３条１項柱書違反；

〔拒絶理由２〕

　　「イベントにおいては開催地の地名と開催時期の西暦の年号を組み合わせてイベントに使用することが一般的に行われている…ほか、「TOKYO」の文字は商品の産地、販売地または役務の提供場所を表すものとして、また、アラビア数字についても商品の規格、品番等を表す記号、符号の一種または役務の提供年などを認識されうるもの…であることから、これを、その指定商品又は指定役務に使用しても、需要者が何人かの業務に係る商品又は役務であることを認識することができない」とする商標法３条１項６号違反。

　　但し、審査官は、理由１については「商標の使用意思を明記した書面及び事業計画書[118]…等によって出願人がそれらの指定商品、指定役務に係る業務を近い将来行う予定があることを明確にしたときは、この限りではありません」と救いの手を差し伸べている。

（３）当該出願は、通常の出願で35類を指定した場合に比べて、指定した商品・役務の範囲が桁違いに広く、これら全てについて招致委員会が「TOKYO2020」を使用して事業をする意志があるとは常識的に考えてもあ

118　「事業計画書」をきちんと作成することは小規模雑貨店にとって大きな負担である。

りそうにないことは明白なので⁽¹¹⁹⁾、理由１は十分に説得力がある。

　審査官はイベントの開催地と開催時期の組合せとして「東京2012」「東京2013」「Tokyo2012」「TOKYO2012」等を含む使用例を列挙しており、ロゴとして特徴のない標準文字による「TOKYO2020」に自他商品・役務識別力がないとする理由２も不当とは思えない。

（4）出願人は、上記理由１及び２に対して、2012年10月９日及び2013年９月５日付けの２つの上申書（以下、前者を「上申書１」、後者を「上申書２」）によって以下の応答をした：

〔上申書２による理由１に対する応答〕

●参考資料２を提出：「商標の使用を開始する意志」として「当法人は、本願の指定商品・役務中、別紙記載の商品・役務に係る事業を現在行っていませんが、これらの商品の譲渡（販売を含む）及び役務の提供に関する具体的な事業計画をもっており、遅くとも向こう４年以内には、当該商品・役務について本願商標の使用を開始する予定です」と記載され、指定した商品・役務のリストが添付されている。

●参考資料３を提出：「事業計画書」として「当法人は、本願の指定商品・役務中、別紙記載の商品・役務に係る事業を現在行っていませんが、これらの商品・役務に関する企画及び関連施設の建設等の準備を進めており、遅くとも向こう４年以内には、当該商品・役務について本願商標の使用を開始する予定があります」と記載され、指定した商品・役務のリストが添付されている。

〔上申書１及び２による理由２に対する応答〕

　上申書１及び２で、「VANCOUVER2020」（ブロック体の文字商標、国際登録784289）、「ATHENS2004」（登録第4432802号、標準文字）、「LONDON2012」（国際登録813920、ブロック体の文字商標）等「オリ

119　招致委員会が指定した商品・役務には「耳かき」（10類）、「タイヤ又はチューブの修繕用ゴムはり付け片」（12類）、「かんなくず」（12類）等が含まれ、招致委員会がこれらの商品・役務に「TOKYO2020」を使用して事業をすることは常識的には考え難い。

ンピック競技大会の開催都市名と開催年のコンビネーションからなる構成の商標は、これまで数多く登録されて」いるところ（上申書1）、「本年9月7日…には、IOC…総会にて、2020年…の開催都市が決定する」ので「東京都が開催都市に決定すれば、本願商標「TOKYO2020」は、一夜のうちに莫大な顧客吸引力を獲得し、巨大な財産価値を有する標識に変化します。したがって、その場合に、早急に商標登録によって保護する必要性が高まることは火を見るよりも明らかであります。」（上申書2）と説明している。

（5）「事業計画書」で、国内の全産業分野に対応する全45区分の商品・役務の事業計画を「商標の使用を開始する意志」とほぼ同文の4行でまとめるのは大変な苦労があったと思うが、これを事業計画と呼ぶには無理があるように思う。

　また、商標法3条1項6号違反は、出願商標が使用によって著名化しても解消しないのが建前なので（商標法3条2項）、上申書1及び2による応答も無理をしているようにみえる。

（6）出願人にとって幸いなことに、審査官は上記応答に納得したようで、東京都が開催都市に決定した後の2013年10月16日付で登録査定がなされまたが、「遅くとも向こう4年以内には、当該商品・役務について本願商標の使用を開始する予定」という事業計画は進捗しているのだろうか。

2.3. 無理がどこに影響しうるのか

（1）商標法は、原則、商標の使用をする者に業務上の信用が蓄積することを予定しているので、商標を使用しなければその者の業務上の信用が蓄積するはずがないと考え、出願時に出願人の使用意思を要請し、不使用登録商標は化体した業務上の信用も消失すると考え、取消審判の対象としている。

　従って、商標の使用権者が、使用する見込みのない商品・役務まで含めて、全区分に渡って権利化しようと思うと、どう考えてもいろいろと無理が生ずるのは当然のことである。

　登録商標が、登録前を含めて使用されずに不使用登録商標となれば、取消

審判（商標法50条1項）の対象になるだけでなく、事業計画書が使用意思に対して十分な内容でなければ、そもそも使用意思はなかったのではないかと思われ、商標法3条1項柱書違反が解消されていないことを理由とする無効審判（商標法46条1項）の対象にもなりかねない。

（2）審査で商標法3条1項6号違反が指摘されるような登録商標は、登録時の著名性を主張しても当該違反が建前上解消しないので（商標法3条2項）、やはり無効審判（商標法46条1項）の対象になりかねない。

（3）このような取消理由・無効理由を抱えた登録商標に基づく商標権は、権利行使した際に取り消されたり無効にされたりしかねないため、良い条件でライセンス契約をすることが難しくなることもあると思われる。

　また、取消対象の商品・役務の数があまりに多く、取消審判に要する手間と費用が尋常でないため誰も取消審判を起こさないであろう、などという制度趣旨を履き違えた考えの商標権者であれば、不買運動の対象になる等、相応の社会的制裁を受けることもありえるだろう。

（4）本来の制度趣旨からいえば、商標登録出願において、商標主が明らかに使用するはずがない商品・役務を含む全区分を指定することは、前述したように、制度趣旨をはき違えた裏技に属すると疑われても仕方のない出願の仕方であり、高度な公益性が要請される組織委員会にふさわしい出願の仕方とは思えない。

2.4.　無理のない商標制度の利用の例

2.4.1.　防護標章制度の利用

（1）商標法は、著名商標には、通常の商標に比べて遥かに強力な顧客吸引力を有し、蓄積する商標主の業務上の信用が極めて大きいと考え、特段に手厚い保護を与えており、防護標章制度はその1例である（商標法64条1及び2項）。

　著名登録商標を、指定した商品・役務とは非類似の商品・役務に他人が使用したときに出所混同を生ずるおそれがある場合、その非類似の商品・役務（以下、「防護指定商品・役務」）について防護標章登録を受けることができ、

防護標章登録に基づく権利によって、他人が、登録商標と同一範囲の商標を、防護指定商品・役務に対して使用した場合、その他人の使用に対して差止請求権を行使しえる（商標法67条各号）。

（２）例えば、商標「TOKYO2020」の場合、出願の指定商品・役務を、実際の審査で審査官が「使用されている」と認定した２、13、15、23、25、27、32〜34及び38類並びに対象となる商品を２、13、15、23、25、27、32〜34、38類に関する範囲に限定した35類だけにして出願すれば、商標法３条１項柱書違反は指摘されずに登録査定を受け得る。

さらに、東京都が開催都市に決定して登録商標が著名になることを見越して、これらの指定商品・役務と非類似の全商品・役務を防護指定商品・役務として防護標章登録出願することが考えられる[120]。

防護標章登録では、防護指定商品・役務に登録商標を使用する意志は課せられていないので、著名性と出所混同性が認定されれば防護標章登録を受け得ることになる。

（３）防護標章登録に基づく権利は禁止権であり使用権ではないので、使用権を設定するライセンス契約はできない。

２.４.２. デザイン化したロゴとしての出願

イベントの開催地及び開催時期の組合せを、ロゴとしてデザイン化させて出願及び使用すれば、（そのロゴが著名になればなおさら）自他商品・役務識別力を有するとして、商標法３条１項６号違反を回避できる場合がありえる。

２.４.３. 公益性との関係

（１）商標「TOKYO2020」は、東京都が開催都市に決定した瞬間に著名になることが約束されており、そのような個別事情は、審査官も最大限に尊重してくれるだろうから、その著名性を有効に活用して無理のない権利化をすれば、無理から生じえる取消理由・無効理由を指摘されずに、公益性の観点からも商標権に基づく無理のない主張・警告をなしうるのではないだろうか。

120　特許庁審査基準室に確認したところ、著名性の判断時期は査定時である。

（2）防護標章制度を利用すると、全区分を指定した商標権よりも狭い商標と区分の範囲しか防護できない代わりに、著名性及び出所混同性が特許庁により審査されるので、防護標章登録に基づく権利として安定性は高いはずである。

（3）防護標章登録に基づく権利で保護しきれない商標と商品・役務の範囲も、後述する不正競争防止法に基づく権利を組合せて保護すれば、主張・警告がわかり易くなると思われる。

（4）商標権は特許権と異なり権利の生成・消滅の管理がし易いので、今からでも、商標登録の不使用の指定区分を取下げ、取下げた区分を指定した防護標章登録出願をすることが可能な場合がある。制度趣旨をはき違えて力ずくで権利行使をすると思われるよりも、その力を制度趣旨に沿った進め方に向けた方が、一時的に余分な出費があっても、納税者の理解を得ることができるのではないだろうか。

Ⅵ．オリンピック知財を保護する他の知的財産制度について

① 不正競争防止法に基づく権利

（1）不正競争防止法によれば、混同惹起行為（不競法2条1項1号）と著名表示冒用行為（不競法2条1項2号）が不正競争行為とされ、他人の不正競争行為によって営業上の利益を侵害等される者は、その不正競争行為の差止めを請求できます（不競法3条1項）。

（2）しかし、不競法2条1項1及び2号に基づいて差止請求権を行使しようとする者は、裁判で、自身の商品等表示[121]が周知（混同惹起行為）又は著名（著名表示冒用行為）である、他人の表示が商品等表示である、自他の商品等表示が同一類似である、他人の商品等表示の使用が自身の商品又は営業

121　「人の業務に係る氏名、商号、商標、標章、商品の容器若しくは包装その他の商品又は営業を表示するもの」と定義されている。

と混同惹起している（混同惹起行為）こと等を、立証しなければならない。

　即ち、不正競争防止法に基づく差止請求権は、商標権に基づく差止請求権のように現に有効な権利として正当性が担保されているわけでなく、その正当性を差止請求する者自身が立証しなければならない。

（3）従って、高度な公益性を要請される組織委員会が、裁判でもない場で、不正競争防止法に基づいて差止請求できることを主張・警告をするのであれば、オリンピック知財が商品等表示として周知又は著名であり、どういう場合に商品等表示としての使用になるのか、その周知又は著名表示と類似するのか等を例示することが望ましい。

（4）このような場合、著名なオリンピック関連商標について防護標章登録をしていれば、商品等表示の著名性は特許庁が認定しており、著名表示冒用行為は著名商品等表示の類似範囲と防護指定商品・役務以外の商品・役務にも及びうるので、主張・警告がわかり易くなると思われる。

2 著作権

　著作権に基づく差止請求権の行使の場合も、不正競争法に基づく権利と同様に、裁判で著作物性が否定されれば、そもそも著作権は生じていなかったことになるので、著作物として認定されそうな創作性を有するロゴ等以外の知的財産について、著作権に基づき差止請求の主張・警告することは望ましいとは思えない。

　「オリンピックの知的財産」は古い場合も多く、著作権が切れているものが多々あるはずである。例えば「オリンピックシンボル」は1914年[122] には使われているので、著作権は消滅している。

　オリンピック知財について、例えば、著作権が有効に発生していたとして、せめて、その存続期間がわかるように創作年月日のリストを作成して保護基準

122　オリンピックシンボルがつくられた時期（https://www.joc.or.jp/olympism/education/20090202.html）

に付録として添付できないのだろうか。

③ アンブッシュ・マーケティングに対する牽制の在り方

（1）立候補ファイルにおけるIOCの要請への招致委員会の回答によれば、オリンピック関連マーク及び名称は、我が国の既存の知的財産制度により保護されるとしており、2018年1月1日までの成立を目指して、オリンピック関連マーク及び名称の使用について既存の知的財産制度による規制を超えた規制を意図した新たなアンブッシュ・マーケティング規制法を成立させることは約束しておらず、我が国が独自に法制化する動きもないようである。

（2）一方で、既存の知的財産法には差止請求できる他人の行為が厳格に定められているが、保護基準には、知的財産法に規定されていない、「名称およびそれらを想起させるような表現を…のイメージを流用する態様で使用する」行為、「アンブッシュ・マーケティングととられる」行為等に対し差止請求できるかのような主張・警告がなされている。

　高度な公益性の観点から、組織委員会は、これらの行為がどの法律で規定されたどの行為なのかを明示した方が望ましいと思われる。

Ⅶ．「オリンピックシンボル」、『五輪』及び『互輪』

① 「オリンピックシンボル」について

　表1-1及び表1-2のオリンピックシンボル[m1]は、不正競争防止法17条により国際機関の標章[123]として認定され、IOCと関係があると誤認させる方法による商標としての使用が禁止されており、保護基準は、東京オリンピックのロゴ等の知的財産の例示中、唯一、法的裏付けを示して主張・警告している。オリンピックシンボルは世界有数の著名性を有するので、これを商標として使

123　【別表第4】国際機関の標章（https://www.meti.go.jp/policy/economy/chizai/chiteki/hatashourei.html）

用すればIOCと関係があると誤認される可能性は極めて高いと思われる。

② 『五輪』について

「オリンピックシンボル」及び「オリンピック」は日本語で『五輪』と呼ばれるが、『五輪』は保護基準のいうIOCの所有する「オリンピック資産」に該当し、従って、組織委員会が管理する東京オリンピックのロゴ等の知的財産に含まれている、とは思えない。

『五輪』とは、1936年に読売新聞の記者が文字数の節約のためにIOCとは全く無関係に創作した用語とのことである[124]。

IOCの公用語であるフランス語を話す人々からみれば、五つの輪が連なる図形は５大陸を表現する「Symbole olympique」なのであって、物理的な五つの輪「cinq anneaux」を概念せず、従って、遠いアジアの果ての異国の言葉である『五輪』が「Symbole olympique」の翻訳であるとは思えないだろう。

従って、『五輪』はIOCの所有する「オリンピック資産」ではないとしかいいようがないように思うのである。

実際、もし『五輪』がIOCの所有する「オリンピック資産」であれば、保護基準は「東京オリンピックのロゴ等の知的財産」として、いの一番に例示するはずだが、保護基準の説明最終頁の下から５行目に「祝！東京五輪開催」が例示されるのみであるし[125]、『五輪』の文字を含む商標について、IOC、JOC、組織委員会等のオリンピック資産の所有者及び管理者は出願も登録もしていないようである[131]。

---

124 日本経済新聞電子版1012年７月24日「「オリンピック」を「五輪」と表記したのは誰？」（https://www.nikkei.com/article/DGXNASDB18001_Y2A710C1000000/?df=2）
125 「オリンピック資産」に該当しない『五輪』を含む「祝！東京五輪開催」の使用禁止警告は何を根拠にしているのかということになろう。
131 第１章の基になった論文の公表時の状況であり、その後、2017年12月19日にIOCが商標登録出願し、2019年12月19日に商標登録されている。

③『互輪』について

（1） 2016年1月に、「パラリンピック」を日本語でどう呼ぶかについて、埼玉県戸田市が「○輪」の○部分の文字を募ったところ、『互輪』が最優秀賞に選ばれたという記事を読んだ[126]。

記事によれば、埼玉県戸田市は、今回の企画とその結果を文科省等に報告しているが、組織委員会からは何も言われていないようである。

（2） 2015年10月に、埼玉県鶴ヶ島市が、インターネット上で『東京2020大会応援エンブレム』を募集したところ、組織委員会から、「東京2020大会」の名称使用が「ブランド保護基準に抵触する恐れがある」と指摘された結果、『「スポーツ大好きっ！」応援エンブレム』に名称変更したという記事を読んだ[127]。

（3） これらの二つの記事は非常に興味深いことを示唆する。即ち、組織委員会は、埼玉県鶴ヶ島市による「東京2020大会」の使用は「オリンピック資産」の使用とみなす一方で、埼玉県戸田市による「○輪」及び『互輪』の「パラリンピック」の呼び名としての使用は「オリンピック資産」の使用とは考えていないと言うことができそうである。

④『五輪』と『互輪』は誰のものか

（1）『五輪』は1936年に日本人が使いだしてから現在に至るまで、日本人が世代を超えて、IOCとは無関係にそのものの呼び名として使用し続けた結果、「オリンピック」の普通名称となってしまい、我が国における公有財産（public domain）になっているといえないだろうか。

（2）『互輪』も、ネーミングが素晴らしいだけに、筆者は個人的には、単なる「パラリンピック」の呼び名ではなく、障害者を主体とする競技大会の総

126　2016年1月15日付東京新聞TOKYO Web（https://www.tokyo-np.co.jp/article/national/list/201601/CK2016011502000122.html）
127　2015年10月15日付読売新聞（YOMIURI ONLINE）（https://www.yomiuri.co.jp/feature/TO000299/20151016-OYT1T50129.html）

称として日本人の公有（public domain）の財産にして欲しいと強く願っている[128]。

おわりに

組織委員会には知的財産を集中的に管理する知的財産部がないようである[129]。

東京オリンピックの当初予算が約3000億円といわれているので、組織委員会は、民間企業であれば、10人程度で組織された知的財産部を擁してもよいと思われる。

組織委員会の知的財産部がIOCの知的財産の管理に責任を負い、公益性を考慮したオリンピック知財管理を公的セクション（特許庁その他の行政の知財管理部門、民間の弁理士会など）の助言を受けてきちんとした保護基準を作成すれば、現在の解り難い説明と合理的とは言い難いオリンピック知財管理にはならないように思う。

また、大会スポンサー等の大口の使用権者がオリンピック資産を活用した商品を、末端で販売するのは商店などの中小企業等であることを考えると、その中小企業等を対象として禁止権を前面に出した現状の知財戦略はあまりに古典的ではないだろうか。

自らはほとんど製造販売事業を実施しない組織委員会であれば、商品の流通・宣伝効果を俯瞰して大口の使用権者と中小企業等を有効に活用した知財戦略を、知的財産部で練り上げることが期待される[132]。

128　柴大介「「五輪」及び「互輪」はオリンピック資産か？」(http://patent－japan.sakura.ne.jp/page－103.html)

129　少なくとも組織委員会HP[S200]のどこにも見当たらない。

132　前出（131）と同様に、著者がオリンピック商標の違法ライセンス問題に気が付いていなかったため、この部分は以下のように考えていただければと思います。
2019年5月27日以降に通常使用権を許諾された「大口の使用権者」に対してはこのような知財戦略をとれる場合がありますが、ほとんどのスポンサー企業は（改正商標法の施行日である）2019年5月27日以前に通常使用権を違法に許諾されているため、実質的にこの知財戦略はとれないことになります。

第2章

開催都市契約と
オリンピック知財の活用

はじめに

第1章では、巷でのオリンピック知財の使用に対する組織委員会による差止警告について、オリンピック知財管理の基本指針をまとめた「大会ブランド保護基準」[S205] の解読を中心に、

①我国の知的財産権を根拠に正当性が肯定できる観点と、

②他の根拠によると考えられ正当性がよく理解することができない観点とから考察した。

2017年5月9日に、上記②の他の根拠そのものといえる「開催都市契約」(Host City Contract) [S301] [S302] が公開された。

第2章では、オリンピック憲章（以下「憲章」ともいう）[S101] 及び開催都市契約を通して上記②の観点を含むオリンピック運動の課題について考察する。

なお、「オリンピック運動」を過剰に権威付けない趣旨で、オリンピック憲章に登場する以下のオリンピック関連用語は、JOCの参考翻訳 [S101] に従わず、日本人が直感的に理解し易いように以下の訳語を当てる：

Olympism：オリンピック精神；

Olympic Movement：オリンピック運動；

Olympic Games：オリンピック大運動会又は大運動会

I．オリンピック運動及びオリンピック知財の現状

1 ノーベル賞とオリンピック運動

（1）戦後の高度経済成長が立ち上がる頃に生まれた筆者の体験に基づけば、ノーベル賞受賞者、宇宙飛行士及びオリンピック金メダリストは、我国だけ

でなく世界において特別に尊敬され、社会的にも経済的にもその業績に相応しい待遇を受けていると思われる。

　知的財産との距離が近い科学・文学系のノーベル賞受賞者は世界史の軸で超高度な知的財産の発見・創作者であり、宇宙飛行士は人類の宇宙探索の（文字通り）最先端で情報を取得・発信する超人的能力者であり、オリンピック金メダリストは人類の肉体的能力の極限的開拓者であり、これら３者は最大限の社会的評価を受けて当然であろう。以下では、知的財産制度との親和性の高いノーベル賞とオリンピック運動を対比してみる。

（２）ノーベル賞受賞者とオリンピック金メダリストに共通するのは、個人又は団体の業績が専門家を含めた関係者によって「正当」に評価され、その評価を一般社会も「正当」なものとして受け入れている点であり、その「正当」性は、２つの評価機関の性格において担保されているといえる。

　ノーベル賞は、極めて独立性の高い国際的な業績評価団体であるノーベル財団が、独自の理念に基づいて個人又は団体を評価し、

　オリンピック運動は、独立した国際的非営利団体たるIOCが、国家を超越した崇高な理念の下で推進しており、その具体的活動である大運動会において、スポーツ能力を極めた個人又はチームの名誉が称えられる。

　２つの評価機関の理念及び成果は、一般社会からは、特定の者又は国家の独占物ではなく人類の未来に有用な共有財産である、と少なくとも建前上は信じられてきたといえよう。

（３）ノーベル賞の受賞対象は、個人又は団体の知的財産の塊ともいえ、国際的に知的財産制度が整備される中で、既に人類が利用可能な共有財産[201]と言って差し支えなく、仮に知財制度で一定の保護（＝第三者に対する一定の利用制限）がなされたとしても、将来においてはその保護が消滅した公有（public domain）[202]の財産となり、何人にも自由利用が可能となろう。

201　科学的成果は論文制度又は特許制度の下で公開され実施を含めて利用可能であり、著作物は本来公開を前提としており、著作権制度の下であっても誰もがその思想表現を享受できる。

　一方、オリンピック知財は、ノーベル賞の受賞対象とは様相が大きく異なり、IOCが自己の独占物であると主張し、知財制度の保護の下で半永久的にIOCの独占物であり続け、おそらく現行のオリンピック知財管理のままでは、将来において公有の財産になることはないと思われる [203]。

（4）オリンピック運動はノーベル賞との知的財産に対する姿勢の違いによって、ノーベル賞にはない深刻な困難に直面している。

　ノーベル財団は、受賞対象に付随する知的財産権の側面には関与せずに、受賞対象の実体に対する独自の理念の下での評価に徹しているため、極めて高度な組織運営上の自立性を維持している。

　オリンピック運動にとってオリンピック知財は、大運動会の入場料等の現金収入を除けば、IOCにとって唯一の収益源といってもよいのであるが、創作、保護、管理及び活用のほぼ全てを、契約・知財制度に精通しているとは言い難いNOC（国内オリンピック委員会のことで、我国ではJOCである）及びOCOG（大運動会組織委員会のことで、我国では組織委員会である）に委ねてしまうため、大運動会の開催費用が膨張する要因の1つとなり、他の要因も併せて、もはやオリンピック運動は継続が危ぶまれる状況に立ち至っているといってよい [204][205]。

202　公有の財産とは知的財産権制度による保護が消滅して第三者が自由利用できる知的財産である。

203　先の論文1で指摘したように、IOCは、オリンピック知財を第三者の利用によって広く活用するよりも、根拠の正当性を十分に示さないまま差止警告によって第三者の利用を直接制限する（という古色蒼然とした）方法で管理する。

204　東京新聞2017年9月14日（https://www.tokyo-np.co.jp/article/sports/list/201709/CK2017091402000260.html）によれば、IOCは、近年の費用膨張の問題を解決しないまま、開催立候補都市に相次ぎ辞退され、残った2市を2024、2028年の2回に割振決定するという綱渡り運用をしている。

205　東京新聞2016年8月1日（https://www.tokyo-np.co.jp/article/feature/tokyo_olympic2020/list/CK2016080102000161.html）によれば、2020年東京大会予算見積は、立候補段階での7300億円が、1兆4000億円弱まで膨張が続いている（組織委員会HP [S207]）。

② オリンピック知財の管理状況

（1）オリンピック知財は、我国の知財制度下では、商標権・不正競争防止法及び著作権により実質的に保護されているが、公益性の観点からみてその保護の有り様は手放しで評価できるものではなく[206]、第1章では以下の点を指摘した。

（1-1）商標制度の趣旨は、商標権者が指定商品・役務に使用意思を有する登録商標を保護することであるところ、商標権者たるIOC・JOC・組織委員会が到底使用するとは思えない商品・役務を含む（特許庁が定める）全指定商品・役務を権利化している。

かかる権利化は合法的であるが、権利化から3年経過した商標権は、不使用のままの商品・役務について取消審判の対象となり、公益的観点からは、何故そのような不使用の商標権に高額の維持費を投入しているのかが問われよう。

（1-2）オリンピックシンボル（Olympic symbols）は世界的に超著名なIOCの登録商標であり、第三者が無断で商標として使用すると商標権及び不正競争防止法に基づく権利に基づき差止警告を受けるが、著作権は切れており肖像権の対象でもないので、例えば、ブログ・SNS等の個人の趣味の記事の範囲では自由に使用できる[207]。

しかし、組織委員会等は、このような事情を一切説明せずに、オリンピック知財の無断使用に対して無差別に差止警告をするかのような意思表示をするため（大会ブランド保護基準）[S205]、知的財産の専門家ではない一般人の非商業的範囲でのオリンピックシンボルの善意での使用意欲は決定的

---

206 ピコ太郎氏が使用する「PPAP」等の著名商標を、使用者当人ではなく、使用意思の全くない第三者が先に商標登録出願したことが話題になった（特許庁HP「自らの商標を他人に商標登録出願されている皆様へ（ご注意）」(https://www.jpo.go.jp/faq/yokuaru/trademark/tanin_shutsugan.html)。
当該第三者の行為は合法的であるが制度趣旨に沿っているとはいえない。
オリンピック知財の現状の出願状況が同様の側面を有することは第1章で指摘した。
207 但し、広告を伴うSNSでは顧客吸引のための商標の無断使用となりうるので注意が必要である。

に削がれよう[208][209]。

（1-3） オリンピック知財は、オリンピック運動の理念・組織・運用の経済的支柱であることから、オリンピック憲章[S101]では、大運動会の理念及び運用が規定される他の規則と異なり、IOCが第三者と契約するのに準用できる程度に、通常のビジネス契約の体裁でオリンピック憲章規則7.4[S101]（以下「資産権利規則」ともいう）に規定される。

　しかし、JOCのHPに掲載される資産権利規則の参考和訳は、誤訳が多いと言うレベルを超えて和訳が正確といえず、その正確でない和訳のまま大会ブランド保護基準[S205]に引用されている[210]。

（1-4） オリンピック運動の継続が危ぶまれるほどの経済的困難の大きな原因の1つと思われるオリンピック知財の管理状況も含めて、オリンピック運動の課題が何に由来するかを「オリンピック憲章」及び「開催都市契約」の解読を通して以下に考察する。

208　2020年東京大会が迫るにつれ、JOC・組織委員会による差止警告の報道頻度が増えている（北海道新聞2018年2月7日（https://www.hokkaido-np.co.jp/article/162428）、東京新聞2018年4月20日（https://www.tokyo-np.co.jp/article/national/list/201804/CK2018042002000130.html）。

209　東京新聞記事「困った？「五輪」使えない」は誤解を招く[208]。
　「五輪」は第1章で説明したように、1936年に読売新聞の記者が使用して以来、日本人が広く使用した結果、「エスカレータ」と同様に普通名称化されている。
　今に至って「「エスカレータ」はわが社の商品名であるから使用を禁じる」とは言えないように「「五輪」はIOCのオリンピック資産であるから使用を禁じる」とは言えない。新聞記者は、大先輩が我国の公有の財産にしてくれた新聞用語の由来と位置づけは認識しておいてよい。
　なお、IOCは、2017年12月19日に我国で『五輪』を商標登録出願している（北海道新聞2018年7月5日（https://www.hokkaido-np.co.jp/article/205886））。
　商標審査基準第13版は商標法第4条第1項第6号の「表示する標章」に「オリンピック」の「俗称としての『五輪』の文字」を含めるが、商標法第4条2項の「商標」に「俗称としての『五輪』の文字」が含まれるのかに関連して、『五輪』の我国での歴史的・文化的経緯、公有性、オリンピック資産としての管理実績の観点から、俗称『五輪』の商標主としてのIOCの正当性が慎重に審査されよう。

210　柴大介「公益性の観点からみた東京オリンピックのロゴ等の知財管理（オリンピック憲章の資産権利規則の試訳に基づく論考）」パテント70巻8号116-128頁（2017）（https://system.jpaa.or.jp/patent/viewPdf/2881）

Ⅱ．開催都市契約にみるオリンピック運動の課題

① 開催都市契約を考察する意義

　開催都市契約は、2020年東京大会の実施に向けて、IOC、JOC、組織委員会及び東京都の間で締結された契約である。

　契約とは当事者間を拘束する当事者間で有効な決め事であり、第三者には原則関係しないので、第三者たる筆者が契約の中身をとやかくいう筋合いのものでは本来ない。

　しかし、当事者たる東京都が開催場所及び費用の拠出責任を負わされ、巨額の税金を注ぎ込むことに繋がる開催都市契約の内容が、都民が不利益を被るものであってはならないという観点から、都民たる筆者が開催都市契約の中身を考察することは当然に許されよう[211]。

　さらに、開催都市契約は、IOCが組織委員会に対して、第三者によるオリンピック知財の無許諾使用の監視業務を課しており（開催都市契約41条d）、組織委員会はその正当性がよく理解できない態様を含む差止警告を現に行っているのである（第1章）。

　組織委員会の監視対象になりえ、2020年東京大会に商機を見出そうとする顧客に、知財制度の専門家として助言する立場になりうる弁理士が開催都市契約の中身を考察することには、少なからぬ意義があろうと考える[212]。

211　筆者は、1964年東京大会当時も都民としてTV観戦して以来、大運動会で選手が繰り広げてきた熱いドラマに魅入られている。それだけに現状のオリンピック運動はずいぶんと遠いところに行ってしまったという思いが強い。

212　小池都知事は、開催都市契約[S301][S302]を公表するにあたり「都民の皆さんにチェックしてほしい」旨を強調されたとのことなので（東京新聞4月22日（http://www.tokyo-np.co.jp/article/feature/tokyo_olympic2020/list/CK2017042202000122.html））、本論考はそれに応えたものであるともいえる。
　契約にあまり馴染みのない弁理士も、本来秘密であった契約書を検討できる機会はあまりないので、絶好の教材と考えて自分なりに考察してみることをお奨めする。

② オリンピック運動とオリンピック大運動会の主催者

（1）IOCは、オリンピック精神を、大運動会の実施を通じて世界に流布することを内容とするオリンピック運動を主導する私的団体であり（憲章前文／オリンピック精神の根本原則及び憲章規則1及び2）、一定の教条の流布運動を主導する国際的な宗教団体とその限りで類似する国際的な非営利の運動組織である。

（2）IOCは、王族・貴族・資産家を中心とする15人の理事（憲章規則19.1）と100人余りの委員で構成されるが（憲章規則16.1）、オリンピック運動の実質的な活動である大運動会を実行するための選手、組織、会場及び十分な資金を自ら有するものではない。

　そこで、IOCはオリンピック運動を推進するために、IF（国際競技連盟）及び各国毎にNOC（国内オリンピック委員会）を承認し、IOC、IF及びNOCをオリンピック運動の主要3構成要素とみなし（憲章規則1.2、25及び27）、大運動会の運営組織としてOCOG（オリンピック競技大会組織委員会）をNOCの責任下で設立させる（憲章規則35）[213]。

（3）平たく言えば、IOCは大運動会の最高責任者であり、IF及びNOCはIOCの代行組織（さらに平たく言えば「手足」）、OCOGはNOCが設立に管理責任を負うNOCの代行組織（同様に「手足」）として位置づけられる。

　従って、IOC、IF、NOC及びOCOGの4者は、オリンピック精神を共通の理念として、相互に契約関係にある一体的な協会組織であり、IOCを最高責任者とする、開催都市決定後の大運動会の実質的な主催者である（以下、4者を仮に「IOC協会」ともいう）。

③ オリンピック大運動会の開催都市

（1）大運動会は、近代オリンピック成立当初から、世界各国の大都市が持ち回りで開催する世界巡業システムの下で運用されている[214]。

213　我国のNOCがJOCであり、OCOGが組織委員会である。

（2）開催都市は、権限を有する都市の公的機関[215]が、その都市の属する国のNOCの承認を得て、大運動会を開催するために立候補申請を提出した複数の立候補都市からIOC総会によって選定され（憲章規則33.3.2）、その後に開催都市契約によって、IOCから大運動会の開催及び実行を委任される（憲章規則33.3.3、開催都市契約Ⅰ.1）。

（3）ここで留意すべきは、開催都市は大運動会の開催及び実行を委任されているだけで、オリンピック運動及び大運動会の主催者ではなく、大運動会の会場を整備して提供するという役割をIOC協会から期待されていると理解できる点である（憲章規則34）[216]。

（4）なお、開催都市は、一般的には、地方自治体であり、住民の支持する限りにおいてオリンピック精神に共感・賛同することを前提とした政策を選択できるだけであって、オリンピック精神を全面的に信奉して、私的団体であるIOCによるオリンピック精神の世界流布の支援を政策目的としているわけではない。

（5）大運動会の事業主体を整理すると表2-1のようになる。

④ 開催都市契約の当事者

以上を考慮すれば、開催都市契約は[217]、大運動会の主催者であるIOC協会が、オリンピック運動の理念に共感・賛同した開催都市と締結する一種の共同事業契約であり、契約の一方当事者（我国の契約慣習では「甲」）はIOC協会の最高責任者たるIOCで、他方当事者（我国の契約慣習では「乙」）は開催都

214　日本オリンピック委員会HP（https://www.joc.or.jp/olympism/coubertin/）

215　通常は、オリンピック運動に共感・賛同することを都市民に支持された都市の知事であろう。2020年東京大会では石原慎太郎東京都知事がJOCの承認を得て立候補申請都市となった（組織委員会HP（https://tokyo2020.jp/jp/games/plan/）。

216　東京都オリンピック・パラリンピック準備局HP（http://www.2020games.metro.tokyo.jp/taikaijyunbi/taikai/yakuwari/index.html）では「開催都市「東京都」の役割」として項目化されている。

217　開催都市契約[S301][S302]はまずはJOCの参考和訳を参照したが、必要に応じて原文[S306][S307]に当たる。

〔表2-1〕

オリンピック事業主体	IOC協会 （私的団体）		開催都市 （地方公共団体）
	主催者		開催者
事業目的	オリンピック精神の普及		経済的波及効果
提供要素	興行の提供とその運用 ブランド価値		興行場所の提供・整備
最高責任者	IOC		東京都知事
実行組織	IF		東京都 提携都市
	NOC		
	組織委員会		
	副会長	東京都副知事	
	顧問	内閣総理大臣	

〔表2-2〕

開催都市契約	一方当事者（甲） （私的団体）		他方当事者（乙）
現状	IOC		JOC
			組織委員会（監視業務）
			副会長	東京都副知事
			顧問	内閣総理大臣
			東京都
	乙の調整者（本契約26条）		甲に対して連帯責任（本契約4条）

市たる東京都である、と普通は考える。

　しかし、筆者は開催都市契約の「当事者」の規定を見て驚いてしまったのである。

　開催都市契約は、「甲」はIOCであるが、「乙」は開催都市である東京都及び（NOCたる）JOCであり、さらに付属する併合契約により（OCOGたる）組織委員会が加わるのである（表2-2参照）（東京都の代表者（2020年東京大会では東京都副知事）は組織委員会の執行機関に入ることが義務付けられている（憲章規則35付属細則2））。

　IOC、JOC及び組織委員会はIOC協会を構成し、JOC及び組織委員会はIOC

の手足となる下位組織であるから、JOC及び組織委員会が東京都と並列して「乙」を構成してしまうと、大運動会の共同事業当事者（表2‐1）と契約当事者（表2‐2）が捻じれた関係になってしまうのである。

　筆者が東京都のために開催都市契約のコンサルティングをしたとすれば、まず、当事者を見直すよう助言するだろう。

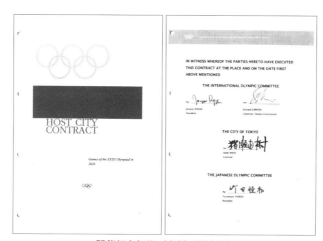

開催都市契約（表紙／署名頁）

併合契約（署名頁）

⑤ 開催都市契約はどうあるべきだったのか（その１）

（１）共同事業契約は、多くの場合、当事者のそれぞれが事業目的を達成する
ために、当事者間の利害を調整して、例えば、互いが単独では調達できない
事業要素を共用するために提供し合うことを約する双務契約である。

　　大運動会開催を通じて、IOC協会はオリンピック精神の普及を事業目的と
し、東京都は大運動会のブランド価値を利用して経済的波及効果を得ること
を事業目的とする[218]。

　　かかる事業目的において、大運動会主催者であるIOC協会は大運動会を実
施するための物理的空間である大運動会場を有しておらず、東京都はブラン
ド価値の根源であるオリンピック資産及び大運動会の興行ノウハウを有しな
いのであるから、両者がこれらを提供し合って共同事業として大運動会を実
施しようというのが開催都市契約の本来の趣旨であろう。

（２）大運動会は、巷の町会の運動会と比べて桁違いに大規模であり、その費
用も、両者の能力に応じて工面しあうことを開催都市契約で当然に決めてお
くべきである。

　　そのためには大運動会の興行内容及び運用見積を決めることが前提であ
り、IOC協会はその見積の内容に責任を負うべきである。

　　従って、開催都市契約の前に、IOC協会内部で、IOCがIF及びJOCに興
行内容案の作成と費用見積りを指示し、その結果に基づいて、IOCが東京都
と協議してどの程度整備された会場が必要か等を事前検討すべきだろう。事
前検討においては、東京都の想定する経済的波及効果及び財政事情等が考慮
されるから、IOC及びIFの意向と東京都の思惑の両方に精通しているはずの
JOCが、IOCの手足として、東京都と調整を行うことが合理的である。

　　JOCは、東京都が開催都市に決定した後の組織委員会の運用も考慮して、
この段階で組織委員会の実務リーダーを適切に選任して調整をする必要があ

218　東京都オリンピック・パラリンピック準備局HP（https://www.2020games.metro.
　　tokyo.jp/taikaijyunbi/torikumi/keizaihakyuukouka/index.html）では「大会開催
　　に伴う経済波及効果」として項目化されている。

ろう[219]。

（3）「甲」（IOC）と「乙」（東京都）は、必要な事前検討をして、双方の役割と費用拠出の分担を盛り込んで開催都市契約を締結し、大運動会の日に向けて、東京都は大運動会のためのインフラを整備し、大運動会の実行責任者である組織委員会は、JOCの指揮の下で契約内容に沿って大運動会を実行すればよいのである。

（4）しかし、実際は、共同事業当事者の関係（表2-1）と契約当事者の関係（表2-2）とが捩れた状態のまま共同事業を実行するため、以下に列挙する様々な問題がある。

6 開催都市契約の問題点

（1）履行義務の「乙」3者への偏在と東京都に負わされる連帯責任

（1-1）開催都市契約は契約当事者間の履行義務がほぼ一方的に「乙」3者に偏っており、「甲」はオリンピック資産を使用許諾すること（開催都市契約「序文」C.）以外に、「乙」3者に対する履行義務の要素がなく、その上「甲」は「乙」3者の調整者の立場であることが規定されている。

> （開催都市契約26条抜粋）
> IOC会長は、一方をOCOG、政府ならびにその国、地方および地元の当局とし、他方をIOC、IF、および各国の国内オリンピック委員会とし、両者の業務関係を管理、整備する調整委員会を、IOCの費用負担で設置するものとする。

> （開催都市契約26条抜粋）
> 調整委員会が解決できない問題がある場合、あるいは、調整委員会の勧告に従って行動することをいずれかの当事者が拒否した場合、IOCが最終的な決定を行う。

> （開催都市契約26条抜粋）
> 調整委員会はOCOGから独立しているものとする。

（1-2）「甲」は「乙」3者の履行義務について「乙」3者に連帯責任を負わ

219　後述するように、世界巡業システムでは、確保をした予算内で実行する能力を有する実務リーダーの存在は不可欠である。

せている。

> （開催都市契約4条抜粋）
> 開催都市、NOC、およびOCOGは、個別または共同で行ったかにかかわらず、本大会の計画、組織および運営のいずれに関連するかにかかわらず、連帯して、本契約に基づくすべての保証、表明、声明、協定、その他のコミットメント、および義務について責任を負うものとする。

> （開催都市契約4条抜粋）
> 本契約の規定違反に起因する、すべての損害、費用および責任について連帯責任を負う。IOCは開催都市、NOC、および／またはOCOGに対して、IOCの単独の裁量にて、IOCが適当とみなす場合、訴訟を起こすことができる。

> （開催都市契約16条抜粋）
> 開催都市、NOC、およびOCOGは、上記の第4条に従って、本大会の計画、組織、資金調達および運営の成功に対して責任を負い、これを確実に実施するものとする。

（1-3）東京都は、東京都が関与できないIOC、NOC及びOCOGとの間の個別の規定に対しても連帯責任を負うことになる。

> （開催都市契約4条抜粋）
> ただし、NOCは、本大会の計画、組織および運営のための資金を調達するという開催都市およびOCOGの財務上の責務については、開催都市の申請書、立候補ファイルまたはその他以下の第7条にて定義される立候補の誓約の一部として明示的に定めていない限り、連帯責任を負わない。

> （開催都市契約27条b抜粋）
> IOCは、長年にわたり獲得してきた情報、知識および専門技能をOCOGと共有し、本大会の計画、組織、資金調達および運営のライフサイクルの全期間中、本大会の組織化に関してOCOGを支援する。

> （開催都市契約41条b抜粋）
> IOCは、IOCの単独の裁量にて、独占または非独占ベースで、上記第41条a)項にて言及される権利の全部または一部、あるいはIOCがその権利から得る利益を、OCOGに譲渡、ライセンス付与、または、その他の方法により移転することができる。

> （開催都市契約41条d抜粋）
> OCOGは、商標権を含む（ただし、それには限定されない）本大会に関する財産の無許諾使用について監視するものとする。

（1-4）開催都市契約は、互いに提供しあう事業要素が存在する双務契約であるべきところ、片務契約に近い内容であり、東京都は、IOC協会の内部組織の事業要素にまで連帯責任を負うことから、東京都の事業目的を達成するための東京都独自の契約理念（IOCと交渉して何を引き出そうとしたのか）が全く読み取れない。

（2）共同事業当事者間のチェック機能の不在

（2-1）各当事者が誰の利益を第1に考慮するかを考えると、開催都市契約の当事者の設定が共同事業の円滑な推進をいかに阻害するかが理解し易い。

JOC及び組織委員会は、IOCを最高責任者とするIOC協会の下位組織であるから、JOCはIOCの手足としてIOCの利益を第1に考慮し、組織委員会はJOCの手足としてJOC（結果としてIOC）の利益を第1に考慮する。即ち、オリンピック憲章規定の下、IOC、JOC及び組織委員会は利害が完全に一致する。

東京都は、都民の利益を代表する地方公共団体であり、単なる私的団体にすぎないIOCと利害が必ずしも一致するわけではなく、公序良俗及び都民の利益に反する事項については独自の判断でIOCと協議する責任が国及び都民に対してある。

東京都がIOCの利害と一致するJOC及び組織委員会と連帯責任を負うことを受け入れることは、IOCの利益になるが公序良俗及び都民の利益に反する利益相反事項に対して責任をもって対処することを放棄していることになりかねない。

（2-2）共同事業当事者の関係（表2-1）に基づけば、例えば、東京都と組織委員会との間で利害の不一致が発生した場合に、IOCは、組織委員会に代わってIOC協会の最高責任者として東京都と協議するのが筋である。しかし、開催都市契約ではIOCは単なる調整者にすぎないので、常識的に考えて、IOCの手足たる組織委員会に対して客観的な第三者として調整できるとは思えないのである [220] [221]。

（2-3）即ち、共同事業当事者の関係（表2-1）と契約当事者の関係（表2-

２）が捩れている開催都市契約の下で共同事業を進めると、IOC、JOC、組織委員会及び東京都の間の履行義務に対する相互の責任が限りなく曖昧になり、当事者間にチェック機能が働かないまま、特に、東京都は「甲」の下部組織と共に連帯責任を負わされるため、IOCの手足たるJOC及び組織委員会のペースで事業が動いてしまい、東京都の事業理念を貫くことは極めて困難になろう。

（3）開催費用の膨張の必然性

開催都市契約において、IOCは大運動会の主催者として、オリンピック精神を具現する大運動会の興行内容と費用見積をする責任が当然にある。

普通に考えれば、興行内容と費用見積は、IOC協会の内部でIF、JOC及び組織委員会が役割分担して決めればよいのであり、開催都市契約で「乙」側にJOC及び組織委員会を入れて、東京都に連帯責任を負わして決めるようなことではない。

しかし、開催都市契約の相互の責任の所在の不明瞭な当事者構造の下では、大運動会費用は事業運営に精通してない組織委員会の見積が軸となり、事業運営に精通してないIOCも東京都も十分にチェックできないまま膨張する方向に進むのは必然なのである。

（4）ブランド価値の毀損に対する維持・管理責任の不在

開催都市契約において、東京都が期待するのは、崇高なオリンピック精神を具現化し続けた大運動会に蓄積されたオリンピック資産のブランド価値で

---

220 東京都（小池都知事）と組織委員会（森会長）の関係が捩れた際、バッハIOC会長が調整のために来日したことは記憶に新しい（日本経済新聞2017年12月26日（https://www.nikkei.com/article/DGXMZO25098860W7A221C1CC1000/））。

221 報道によれば「知事が主導する都政改革本部の五輪・パラリンピック調査チームは、都、国、組織委のトップが方針を協議する調整会議について、相互の関係が不透明であり、会議を牽引する議長の不在を問題視していた。
知事はこれを踏まえ、バッハ会長に6者協議と議長の設置を提案したとみられる。」
（AroundtheRings Japan（2016年10月20日（http://aroundtherings.jp/））とあり、小池都知事は開催都市契約の当事者間の不明瞭な関係を理解した上で行動したと思われる。

ある。

　ブランド価値を維持・管理する責任は、オリンピック資産をIOCの独占的資産と位置付けるIOCにあり、地方公共団体たる東京都にあるわけではないにも関わらず、開催都市契約は、IOCにブランド価値を適切に維持・管理すべき責任を負わしていない。

　ブランド価値の棄損状況としては、例えば、以下が挙げられる。

（4-1）ドーピングの蔓延

　ドーピングの蔓延が、大運動会のブランド価値を決定的に棄損することに疑う余地はない。

　ドーピング問題は拡大し続け蔓延状態になっており、IOC協会とは独立した機関である世界アンチ・ドーピング機構（WADA）が対応しているが、報道を読む限り、ドーピング問題の発生源であるIOC、NOC、OCOGが毅然とした対応をしているとは思えない。

　本来、IOCは開催都市契約でドーピング防止に全責任を負うことを宣言すべきであるところ、開催都市契約序文Mは全くの他人ごとのような規定ぶりである。

> （開催都市契約序文M抜粋）
> 開催都市とNOCは、世界アンチ・ドーピング機構が発行する世界アンチ・ドーピング規程の条項に従って活動することを含め、アンチ・ドーピング活動においてIOCを支援するために最善を尽くすことを約束する。

　東京都は、大運動会のブランド価値を経済的波及効果に結び付けることを最大の事業目的にして巨額の税金を投入するのであるから、IOCに一方的に責任のあるブランド価値の棄損に対してIOCの履行義務違反を問える条項を本来は盛り込むよう交渉すべきであったろう。

（4-2）興行内容及び運用の商業化

　組織委員会は古典的な知財活用として、オリンピック資産についての放映権を欧米日の巨大マスメディアに付与し、提供資金の規模に応じた様々なランクのパートナーシップ契約の下で、大企業に対してオリンピック資産のラ

イセンス供与をしている。

　その結果、IOCは、これらのマスメディア及び大企業の意向を無視しては興行内容を決めることができなくなっている。

　例えば、2018年平昌大会は選手のコンディションを考慮しない時間帯に決勝競技を行う、2020年東京大会の開催を夏の酷暑の時期に設定する等の、観客及び選手を第1優先にしているとは到底思えない大運動会の運用がなされている。

　各競技の選手の最高のパフォーマンスを見せることが、オリンピック精神の具現化物としての大運動会を価値づける本質であることを考慮すれば、全くの本末転倒なブランド価値の棄損に直結するような興行は巨額の税金の投入に値するとは思えない。

（4-3）組織委員会に課せられた監視義務

（4-3-1）開催都市契約では組織委員会に対して、オリンピック資産の無断使用に対して「アンブッシュマーケティング対策」たる監視義務が課せられている。

> （開催都市契約41条d抜粋）
> ｄ）無許諾使用に対する措置：OCOGは、商標権を含む（ただし、それには限定されない）本大会に関する財産の無許諾使用について監視するものとする。

> （開催都市契約41条d抜粋）
> OCOGが、かかる無許諾使用が発生した、または発生しそうであることを知った場合、OCOGは、（ⅰ）その旨を即刻IOCに通知し、（ⅱ）IOCの要求および指示に基づき、当該無許諾使用（または、本大会に関する知的財産を侵害するその他の行為）を防止および阻止するために必要なすべての合理的な措置を即座に講じるものとする。

> （開催都市契約41条d抜粋）[222]
> その措置には、当該無許諾使用に関与している団体または機関に対して、その使用がIOCの権利を侵害していることを通知すること、また、開催国内にて、政府が、当該無許諾使用を防止または阻止するための適切な措置を取るようにすることが含まれるが、これらには限定されない。

（4-3-2）IOC協会内部の契約事項として、IOCが上記監視義務を組織委員会に課すこと、及び組織委員会が自己責任の下で監視業務を行うことは

自由である。

　組織委員会の監視業務は、第1章で指摘したように、法的根拠が曖昧な場合が散見され、2018年平昌大会前頃から、新聞紙面の相当なスペースを割いた記事になるほどに顕在化している[(208)][(209)]。

　開催都市契約の監視義務規定のうち、法的根拠なき不当な方法で監視行動を強いる規定は、公序良俗違反として無効とされるべきものである（民法90条）。

　現状の法的根拠が曖昧なままの組織委員会の監視業務が、仮に司法の場で争われることになった場合、その結果によらず、大運動会は決定的に「水を差される」ことになり、当然に大運動会のブランド価値は大きく傷つくであろう。

　以上の観点から、東京都が組織委員会に課せられた監視義務に無条件に連帯責任を負うこと、及び、組織委員会主催の企画に参加する非営利団体に監視義務を代行させること[(226)]には相当に問題があると考えられる。

　東京都は、開催都市契約の監視義務規定について、ブランド価値を維持する観点から、IOCとその取扱いについて協議すべきではないかと思われる。

（5）国及び東京都の立ち位置の問題

（5-1）オリンピック憲章における国の役割は、オリンピック憲章規則33において以下のように規定されるだけである[(223)]。

222　私的団体たるIOCが下位組織である組織委員会に自己責任の下で監視業務を義務付けるのであればまだしも、組織委員会が主催する2020年東京大会盛上企画「東京2020応援プログラム」において参加希望の非営利団体（自治会、町内会等、商店街、NPO等）に対して「当団体は、本アクションの実施に際しては、…アンブッシュマーケティングを把握した場合には直ちに、貴法人に対し書面により通知し、必要な調査を行うことに同意します。」として監視義務の履行を誓約させている（組織委員会HP[(S208)]）。

223　オリンピック憲章では「オリンピック競技大会は、個人種目または団体種目での選手間の競争であり、国家間の競争ではない。」（憲章規則6.1）と規定され、大運動会に国が前面にでないように建前上釘が刺されている。

> （憲章規則33.3）
> 立候補申請都市の国の政府は、国とその公的機関がオリンピック憲章を遵守すると保証する法的に拘束力のある証書をIOCに提出しなければならない。

　開催都市の属する国は、オリンピック憲章の遵守義務を負うだけで、開催都市契約の当事者に入らない第三者であるはずだが、オリンピック憲章に加えて、開催都市契約も遵守する誓約をしたことになっている（開催都市契約序文H）。

　国はさらに、2013年1月7日にIOCに提出された「立候補ファイル」で大運動会の財務保証をしている[224]。

　従って、東京都は組織委員会が資金不足に陥らないように組織委員会を監視し、国は、東京都が補填しきれない状況にならないように東京都を支援するのが筋であろう[225]。

　そうであれば、国が顧問として関与すべきは東京都であって、同じ契約当事者として東京都が直接交渉すべき組織委員会に、契約当事者でもない国が、東京都を差し置いて直接的に顧問することはいかにも筋が違うであろう[226]。

（5-2）同様の観点から、東京都も監視対象たる組織委員会にJOCと共同出資して共同設立者となってしまっては[227]、開催都市契約の相手方たるIOCに対する立場が不明瞭になり、組織委員会の東京都に対する財務上の責任が曖昧になろう。

（5-3）開催都市契約において、私的団体たる「甲」が、東京都及び「甲」の下位組織を含む「乙」3者に以下の履行義務を負わせている。

224　「万が一、大会組織委員会が資金不足に陥った場合は、…東京都が補填することを保証する。また、東京都が補填しきれなかった場合には、最終的に、日本国政府が国内の関係法令に従い、補填する。」（立候補ファイル6.1.1）
225　JOCは組織委員会の管理責任を負うが財務上の連帯責任は負わない（開催都市契約4条[S301]）。
226　国が、私的団体にすぎないIOCの下位組織たる組織委員会の顧問になること自体の問題については本論考では指摘するだけに留める。
227　組織委員会定款第5条[S201]

（開催都市契約41条a抜粋）
開催都市、NOC、およびOCOGは、IOCに代わって、またIOCの利益のために、これらの権利を保護する目的で、IOCが満足するかたちで適切な法律およびその他の保護対策（アンブッシュ・マーケティング対策を含む）が開催国にて整備されるようにするものとする。

　私的団体が自己の利益のための法的整備を東京都及び国が顧問する公益財団法人の履行義務とする契約内容の妥当性について、東京都及び国には検討する余地が相当にあろう。

（6）マスメディアの立ち位置の問題

（6-1）マスメディアは、一見して明らかなドーピング問題、大運動会の費用膨張、私的団体が自己の利益のための法的整備を東京都及び国が顧問する公益財団法人の履行義務とする契約内容、開催都市契約の自称「アンブッシュ・マーケティング対策」に対する多くの日本人が抱く違和感について、表層的な現象報道に終始しているようにみえる。

　おそらく、オリンピック運動の国際的広がりと関係者の複雑さの規模があまりに大きいために、マスメディアには表層を含む全体像が見えていないのかもしれない。

（6-2）しかし、マスメディアがあえてオリンピック運動の全体像を見ようとしていないのであれば、事は深刻である。

　組織委員会は、企業と大会スポンサー契約を結び、オリンピック知財の利用許諾を通じて大運動会の資金調達をしているが、国内の主要な大手新聞社は何故か大会スポンサー契約をしている [S206]。

　組織委員会は、報道目的であれば報道機関のオリンピック知財の使用を認めている（大会ブランド保護基準）[S205]。

　それにも関わらず、マスメディアが報道以上の目的のために大会スポンサー契約をして、それが足枷となって表層的な現象報道しかできないのであれば、それは報道機関として本末転倒であろう。

　我国のマスメディアが表層的な現象報道に終始して、読者の愚痴とガス抜

き程度の情報しか提供していないことが、2020年東京大会の開催費用が過去の大会に比べて際立って高額になる大きな要因となるのであれば、後世、大運動会の開催費用の相場を吊り上げて大運動会の継続を危ういものにしたのは日本国民全体であったということになりかねない [228]。

7 開催都市契約はどうあるべきだったのか（その2）

世界巡業システムの下で大運動会を継続していくのに、開催都市契約はどうあったらよかったのかについて考察する。

（1）共同事業当事者と契約当事者の関係の捩れの解消

（1-1）表2-3のように、契約当事者を共同事業当事者に整合させ、東京都及び国の位置づけを整理すべきであったろう。

（1-2）契約当事者を表2-3のように整理するだけで、契約当事者は相互の事業目的と役割を真剣に考え、合理的な契約内容を目指した協議を志向せざるをえなくなると思われる。

〔表2-3〕

開催都市契約	一方当事者（甲）（私的団体）			他方当事者（乙）（地方公共団体）	
本来の有り方	IOC			東京都	
	憲章上の下位組織	IF			
		NOC			
		組織委員会		顧問	内閣総理大臣
	乙に対する履行義務			甲に対する履行義務	
	●興行の費用見積・予算 ●ブランド価値の維持 ●オリンピック資産の活用による予算確保			●興行会場の確保 ●経済的波及効果の見込収益から一定の費用分担	

228　例えば、米国ボストン市は、米国のマスメディアの冷静な報道により、市民により大運動会の費用高騰に冷静な判断がなされた結果、大運動会招致から撤退している（東京新聞2017年9月17日「こちら特報部」）。オリンピック運動に対して世界は思った以上に冷めてきている中で、我国のマスメディアだけが半世紀前のお祭り騒ぎを再現していると言えるのではないか。

　「甲」に興行費用の見積・予算作成義務を負わせれば、予算膨張の問題は自動的に解決する（「甲」自らの集金能力に見合う予算であれば、何兆円になろうと誰も問題にはしない）。

　「乙」は自らの政策理念に基づき事業者「甲」に相応の補助金を出すことは、地方公共団体の裁量の範疇であろう。

（1-3）現行の開催都市契約は、IOCにとって履行義務がほとんどなく好都合に見えるが、上述のように、必然的に相手任せの放漫事業となり、結局は廻り回って、オリンピック運動の継続が危ぶまれるまでにIOC自身の首を絞めてしまうのである。

　IOCは過去の偉大な遺産を食い潰す前に、オリンピック運動と自身の役割を一から真剣に考えるべきであろう。

　東京都も、現代における半世紀前とは異なる「経済的波及効果」と「オリンピック運動のブランド価値」の本質を真剣に考えて、IOCの下位組織任せではない独自の事業理念を前面に出してIOCと交渉すべきと思われる。

　国が支援すべきは、本来は、我国のブランド価値の向上に直結する国際的な大事業を果敢に行おうという東京都であろう。

　マスメディアは、言論・表現を通じて著作物・商標・意匠等の知的財産と直結する活動をしており、他のどの分野の事業者よりも様々な知見を有している筈だから、知的財産の塊ともいえるオリンピック知財に対して、客観的かつもう少し専門的な観点から読者に適切な情報を提供すべきだろう。

　その結果として、開催都市契約は契約当事者双方の履行義務と責任が明確になり妥当な双務契約の内容になるはずである。

（2）組織委員会の実務リーダーの選任

（2-1）世界巡業システムの下で、経済的に成熟した開催都市の商業的成功を目指す限り、赤字を出さずに（つけを開催都市に負わせずに）巨大な興行を実施するには、大運動会の実行組織たる組織委員会に卓越した実務リーダーを招聘することが必須である[229]。

（2-2）大運動会史上、経済的に成熟した開催都市が赤字を出さずに実施でき

たのは、唯一、ピーター・ユベロス氏が委員長を務めた1984年ロス大会だけである。

　TV放映権及びオリンピック知財を活用して大会費用を賄うという大運動会運用モデルは、この1984年ロス大会から始まったといえるが、天才的実業家であるピーター・ユベロス氏なくしてはこの運用モデルは機能しなかったと思われる[230]。

　実際、ピーター・ユベロス氏不在の1984年ロス大会以降の大運動会は、同様の運用モデルの下で全て赤字となり、開催都市が重いつけを負う状況が世界に発信され、大運動会を招致する都市は減っていったのである。

（2‐3）予算規模2兆円になろうかという共同事業を、10年のスパンで準備・運営することは、常識的に考えて、同規模以上の予算での組織運用に精通し、タフな交渉力を兼ね備えたピーター・ユベロス氏級の実業家をトップに据えなくてはできないと思われる。

　我国の大企業で、40代で社長になり50代で社長を退く方も多くなっていると思われるので、そのような方を組織委員会の委員長に招聘するくらいのダイナミズムが必要であろう。

（3）契約・オリンピック知財管理の観点からの提案

（3‐1）オリンピック憲章から資産権利規則を分離する

　オリンピック憲章は、ほとんど全てが組織及び大運動会の理念と運用規則であり、IOC協会関係者を拘束する内部規則と考えてよい。

　その中で、資産権利規則を含む憲章規則7だけは、オリンピック資産の権利の取扱いの原則が規定され、IOC協会がIOC協会関係者以外の第三者を規制する根拠としているため[231]、他の内部規則に比べて通常のビジネス契約的規定ぶりで難解である。

229　1964年東京大会は、東京都が経済的に成熟しておらず（商業的成功の糊代が大きく）、当時の我国の政治家と官僚が卓越した実務リーダーを演じたために成功したといえる。

230　1984年ロス大会とピーター・ユベロス氏の関係については小川勝著「東京オリンピック「問題」の核心は何か」「オリンピックと商業主義」（いずれも集英社新書）に詳しい。

　従って、IOCが第三者に対して資産権利規則を基礎とした権利主張をし、その内容を第三者との契約に反映させるのであれば、その内容を第三者が理解できるように説明することがオリンピック精神を世界に普及しようとするIOC協会に求められるフェアな姿勢であろう。

　以上の観点から、筆者は、オリンピック憲章から資産権利規則を分離してオリンピック憲章に付随する「資産権利規則」なる体裁にし、IOCによる逐条解説を付して第三者が内容を明確に理解できるようにすべきと考える。

（3-2）資産権利規則の公定和訳を作成する

　オリンピック憲章のJOCによる参考和訳がHP (S101) に公開されているが、IOC協会関係者を拘束する内部規則は、多少の誤訳があったとしてもIOC協会関係者以外の第三者に実害はないが、資産権利規則は「てにをは」が変わっただけで法的な意味合いが変わってしまうため、厳密な和訳が必要である。

　しかし、JOCの参考和訳はそのような厳密さに全く対応しておらず、資産権利規則の一部をそのまま反映させたに近い開催都市契約序文C (S301) の参考和訳も、資産権利規則の当該部分の参考和訳と異なっており、開催都市契約がオリンピック憲章との整合性に欠けているように見えてしまう。

　以上の観点から、国と東京都がIOCと協議して、オリンピック憲章の資産権利規則だけでも公定和訳を作成すべきであろう。

（3-3）開催都市契約の正文のあり方

　開催都市契約の正文を日本語と英語で作成する開催都市契約において、東京都は、IOCと対等の当事者であるべきであり、開催都市契約に基づき巨額の税金を投入するからには、開催都市契約の内容について都民に対して説明責任を有する。

　当初、東京都自身が秘密保持規定（開催都市契約85条）を盾に開催都市契

231　資産権利規則 (S101) は、開催都市契約でのオリンピック資産の範囲（開催都市契約序文C (S301)）及び知的財産権の取扱い（開催都市契約Ⅶ (S301)）の基礎となり、組織委員会の「アンブッシュマーケティング対策」（大会ブランド保護基準 (S205)）の基礎となっている。

約を公表しなかったところ、小池都知事がIOCと協議して公表に踏み切った
ことは、もっと評価されてよいと筆者は思っている[232]。

　従って、東京都はさらにIOCと協議して、開催都市契約について英語正文
に加え日本語正文を作成すべきであり、国は国際条約の公定和訳や日本語正
文の作成の知見を活かして東京都を顧問すべきだろう。

（3-4）オリンピック知財の実施権取得

　組織委員会は、2020年東京大会の特定期間内に文化プログラムを開催す
ることを義務付けられており（憲章規則39）、東京都が選ばれた参加者に資
金援助する事業を推進している。しかし、2020年東京大会のための文化プロ
グラムであり、東京都の税金を拠出する事業であるにも関わらず、当該参加
者がオリンピック知財を使用できないため、事業の統一感を出せないことが
問題になっている[209][233]。

　東京都は、開催都市として税金を拠出する事業については、東京都が事業
対象者にオリンピック知財の再実施許諾できるようIOCと協議すべきであ
ろう。

（3-5）オリンピック知財の共同権利化

　一昨年の佐野研二郎氏のエンブレム騒動は記憶に残るところであるが、
2020年東京大会のためにJOC及び組織委員会が介在して作成されたエンブ
レム・大会マスコット等の創作物の多くはオリンピック資産として、最終的
にはIOCに帰属する（開催都市契約41〜43条）。

　しかし、東京都が2020年東京大会の開催都市として主要プレイヤーであ
ること、JOC及び組織委員会は公益財団法人として税制上優遇されているこ
と、大会マスコットの小学生による人気投票のように公立機関関係者の協力

232　東京新聞（2017年 5 月10日（https://www.tokyo-np.co.jp/article/national/list/
　　　201705/CK2017051002000124.html））。なお、2016年リオ大会と2012年ロンドン
　　　大会の開催都市契約には秘密保持規定は存在しない（https://www.yumpu.com/en/
　　　document/read/18850702/host-city9contractpdf-games-monitor）。

233　東京新聞2018年 4 月20日（https://www.tokyo-np.co.jp/article/national/list/ 201804/
　　　CK2018042002000130.html）。

が不可欠な事業も少なからずあること等に鑑みれば、2020年東京大会のためにJOC及び組織委員会が介在して作成された創作物については、東京都は共同権利者となるべくIOCと協議することを検討すべきであろう[234]。

Ⅲ．根源的な問題、その解決案及び知財の活用

① 根源的な問題

前記「Ⅱ.7」で提案した開催都市契約のあるべき態様は、世界巡業システムの下で大運動会を継続していくことを前提としているが、筆者は提案の効果について悲観的である。

現在のIOC、JOC及び組織委員会は、いい悪いは別として、あまりに官僚組織然としており、組織委員会の実務リーダーに野心的な組織運営を委託することが想像し難く、我国に限らず、在野の有能な事業家は手を挙げることを躊躇するだろう。

また、共同事業当事者を反映させるように契約当事者を設定したとしても、特にIOCは、長期間にわたりIOCにほとんど履行義務のない（下位組織と開催都市にほぼお任せの）開催都市契約の下でオリンピック運動を推進してきた結果、IOC協会の責任者として、ドーピング問題、費用膨張の問題、オリンピック知財の有効活用等を解決すべく、先頭に立ってIF、NOC及びOCOGを指揮して牽引する能力を備えているのだろうかという問題がある。

そうであれば、2028年ロス大会以降に大運動会の継続が困難となり、世界巡業システムを前提としたオリンピック運動は途絶えることになろう[235]。

---

234 協議が行われていたら、オリンピック商標の違法ライセンス問題はもっと早い時期に顕在化したと思われる。

235 前述したように、オリンピック運動が途絶えた場合、お祭り好きが高じて大運動会の際限ない費用膨張を放任したとして、日本国民の責任が後世問われる可能性は十分にある。

② 根源的な問題に対する解決案とオリンピック知財の活用

最後に（相当にSF的だが）筆者からの提案である。

（1）考えてみれば、オリンピック精神を世界に普及するために、大運動会を世界巡業するという当初のクーベルタン男爵の構想は、ラジオしかなかった1世紀以上前に野心的であったのであり、インターネットで情報が瞬時に伝わる現在、すでに役割を終えているのではないか。IOC加盟国が200を超えたこともオリンピック精神がすでにグローバルに普及したことの証といえる。

（2）そうであれば、ノーベル財団が自前の実行組織で毎年ストックホルムに受賞者を招聘するように、オリンピック精神を主導するIOCが大運動会の実行組織と場所を自前で確保し、各国の競技代表者を招集して大運動会を実施してもよいのではないか。

　例えば、クーベルタン男爵の当初の志を思えば、オリンピック発祥の地であるアテネ市を恒久開催都市にして、IOCがギリシャ及びアテネ市と契約して恒常的な実行組織を設立することなどは、既にネット等の巷では提案されていることではあるが、歴史の悠久を感じるロマンチックな提案と思われる。

（3）大運動会運営費用は、グローバルに広く薄く集める方法として、例えば、クラウドファンディングを活用することが考えられる。

　2015年度の世界のクラウドファンディングによる総調達額は4兆円ともいわれており[236]、IOCがクラウドファンディングを利用して、オリンピック知財の使用許諾を見返りとして1兆円の資金を集めることは決して夢物語とはいえない。

（4）恒久開催にすれば、直接的な大運動会運営費用は経年的に低下するはずなので、余剰資金を大運動会の質の向上に振り向ければよい。思い付きでも以下が考えられる。

236　価格.comHP（https://kakaku.com/crowdfunding/）

●資力に乏しい選手の育成のための奨学金制度設立
●大運動会運用の実務リーダーの育成機関設立
●人類の「肉体と意志と精神のすべての資質」に関する総合研究機関設立
●大運動会の世界に向けた伝達技術の開発：例えば、恒久施設での観戦を疑
　似体験できる仮想現実的中継技術の開発を、世界の最先端企業が参加して
　共同開発する。
●最先端技術を導入した選手のための競技用具の開発
●最先端技術を導入した恒久施設の恒常的リニューアル

　以上のような大運動会の質の向上に取り組む過程で、IOCには、現在の商
標・意匠・著作物に偏在するオリンピック知財だけでなく、オリンピック精神
に沿った多様な観点からのオリンピック知財を自ら創出できる筈なので、差止
警告のような古典的活用とは全く異なる、世界に開かれた建設的な活用が、オ
リンピック精神に共感する多くの有志によってなされることを筆者は願ってや
まないのである。

第3章
オリンピック商標のライセンス
活動の商標法上の位置付け

■ はじめに

　第1章では、巷でのオリンピック知財の使用に対する組織委員会による差止
警告について、オリンピック知財管理の基本指針をまとめた「大会ブランド保
護基準」（以下「保護基準」ともいう）^(S205)の解読を中心に、

①我国の知的財産権を根拠に正当性が肯定できる観点と、

②他の根拠によると考えられ正当性がよく理解することができない観点から考
察した。

　第2章では、2017年5月9日に公開された、上記②の他の根拠そのものとい
える「開催都市契約」（Host City Contract）^{(S301)(S302)}の契約構造の分析に
基づきオリンピック運動の課題について考察した。

　第3章では、IOC、JOC及び組織委員会（以下、まとめて「IOCファミリー」）
のライセンス活動と商標法の関連条項との関係を分析してオリンピック商標の
商標法上の位置づけを考察する。

■ Ⅰ．IOCファミリーのライセンス活動

1 IOCのライセンス活動

（1）オリンピック憲章及び開催都市契約

　IOCによるオリンピック運動の中核事業である大運動会は、1980年代以降、
兆単位の莫大な開催費用を要していることは今や世界的な周知事項であ
る⁽³⁰¹⁾⁽³⁰²⁾。

301　小川勝『オリンピックと商業主義』198頁（集英社新書）
302　トランプ政権と米国株投資（https://johoseiri.net/entry/2016/10/05/215919/）

　この莫大な開催費用は大運動会の入場料だけでは到底賄いきれず、高額な大運動会の放映権料及びオリンピック商標を中核とするオリンピック知財をライセンス供与したスポンサー企業からの対価である莫大な協賛金によって何とか賄っているのが現状である。

　IOCによるオリンピック商標のライセンス活動は、IOCの大運動会のブランド価値を最大限に利用したオリンピック運動を展開する上で必要不可欠なビジネスモデルである。

　実際、IOCはオリンピック憲章規則7.4（以下「資産権利規則」ともいう）でオリンピック資産に関する権利についてライセンスできることを宣言している（資産権利規則は著者論文[303]で行った試訳による。下線は筆者が付した。以下同様）。

> 規則7：オリンピック競技大会及びオリンピック資産に関する権利
> 規則7.4
> …
> 　オリンピック資産に対する全ての権利及びそれらを使用に対する全ての権利は、IOCに独占的に帰属し、営利、商業又は宣伝広告のいかなる目的のための使用に対するものも含むがそれらに限定されない。
> 　IOCはその権利の全て又は一部をIOC理事会の定める条件でライセンスをすることができる。

開催都市契約でも同様の規定がある（序文C.）[S301]。

> C. …
> 全てのオリンピック資産に関するあらゆる権利、およびそれらを使用する全ての権利は、営利目的、商業目的、または宣伝目的のための使用を含むがそれのみに限らず、独占的にIOCに帰属する。IOCはその権利の全部あるいは一部を、単独または複数の当事者に対して、IOCの定める条件および条項により、自ら単独の裁量にて使用の許諾をすることができる。

303　柴大介「公益性の観点からみた東京オリンピックのロゴ等の知財管理（オリンピック憲章の資産権利規則の試訳に基づく論考）」パテント70巻8月号116－128頁（2017）

② JOC及び組織委員会のライセンス活動

IOCは開催都市契約によって、東京都及びJOCに、大運動会の計画、組織、資金調達及び運営を委任し（開催都市契約Ⅰ.1.）、東京都とJOCに組織委員会を設立させ（開催都市契約Ⅰ.2.）、東京都及び組織委員会に大運動会の計画、組織及び運営のための資金調達につき財務上の責務を負わせている（開催都市契約Ⅰ.4.）。

JOC及び組織委員会は開催都市契約に基づき、以下に例示するようにオリンピック知財のライセンス活動を積極的に行っている。

（1）JOCマーケティングプログラム

JOCは、引用した以下の図に解りやすくまとめてあるように、大運動会の運用のためにJOCの保有する各種権利をJOCマーケティング協賛者に利用させ、その見返りに協賛金等を受け取る「JOCマーケティングプログラム」を公表している[304]。

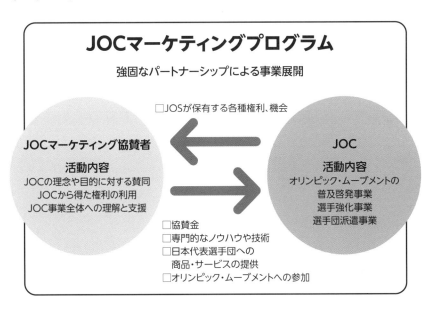

304　JOCのHP（https://www.joc.or.jp/about/marketing/about.html）

JOCの保有する各種権利には、JOCの許諾が必要となるものとして以下の商標が例示されている（JOCマーケティング（https://www.joc.or.jp/about/marketing/marks.html））：

- JOCのマーク・エンブレム（第1エンブレム、第2エンブレム、がんばれ！ニッポン！、JOCコミュニケーションマーク等）；
- オリンピック、アジア大会等のJOCが管轄する国際総合競技大会のマーク・エンブレム・映像やイメージ等。

（2）東京2020スポンサーシッププログラム

組織委員会によるスポンサーシッププログラムは、JOCのマーケティング資産（ロゴや呼称等）の使用権を組織委員会（東京2020）に移管し、2020年東京大会の権利と共に販売するとし、権利行使ができる領域は日本国内、権利行使が可能な期間はスポンサーレベルに応じて異なると説明している[S210]。

> 大会の開催国では、オリンピック競技大会を成功に導くために、NOCとOCOGが統合した1つのマーケティング、すなわち「ジョイントマーケティング」と呼ばれるOCOGによるスポンサーシッププログラムを構築することが義務付けられています。
> 　そのため、東京2020マーケティングでは、日本オリンピック委員会（JOC）のマーケティング資産（ロゴや呼称等）の使用権を東京2020に移管し、東京2020大会の権利と共に販売します。
> …
> ※権利行使ができる領域は日本国内となります。また、権利行使が可能な期間は、スポンサーレベルに応じて異なります。

さらに、スポンサーシッププログラムは、オリンピック・パラリンピックに関する商標やロゴをはじめとする知的財産の使用権を中心として構成されているとする[S210]。

> オリンピック・東京2020大会におけるスポンサーシッププログラムは、オリンピック・パラリンピックに関する商標やロゴをはじめとする知的財産の使用権を中心として構成されています。
> スポンサーには、これらの知的財産の使用権の見返りとして、多額の協賛金を拠出いただいており、この資金が、大会の安定的な運営及び日本代表選手団の選手強化における大きな財源となっています。

（3）組織委員会及び専門家の説明

　パテント誌2018年1月号において、組織委員会はパテント誌編集部のインタビューに以下のように回答している[305]。

> 〈アンブッシュマーケティング対策について〉
> 編集部－こういった世界的な大会におけるブランド保護や、ブランディングの難しさというのは、どのような点だとお考えですか？
> 池松氏－1つは、権利化されているブランドは第三者が自由に使用できないという認識自体がどこまで広まっているのかという問題があります。
> …
> 　そもそもオリンピックの知財というのは、やはりオリンピック自体が存続している非常に大きな要素になっています。というのは、ご存じのように、このマーケティングプログラムというのは知財による保護を基礎に展開していますので、そこがきちっと担保されないと、このマーケティングプログラムが崩壊することにもなりかねません。
> 　逆に言うと、これを不当に使ってしまうと、マーケティングプログラムの崩壊につながって、ひいては大会を開催ができなくなる可能性があるので、何とかご協力をお願いしたいというところの話をさせていただいています。

　パテント誌2018年1月号に掲載された青木博通弁理士による論文[306]（以下「青木論文」）は、パートナーシップ契約と通常使用権の関係について、登録商標「がんばれ！ニッポン」（商標登録第4481000号）の取消審判（取消2004-30728）の維持審決に対して、審判請求人（原告）とJOC（被告）との間で争われた審決取消訴訟（平成17年（行ケ）第10527号）での裁判所の以下の判示を参考にしており、パートナーシップ契約に基づく通常使用権の許諾を前提にして、オリンピック商標の使用について論じている。

> 「被告は、平成16年1月16日付けのパートナーシップ契約により、コナミスポーツに対し、「スポーツクラブ及びその運営」の広告、プロモーション関連という範囲で、本件商標の使用を許諾したものと認められ、コナミスポーツは本件商標についての通常使用権者であったということができ、この点に関する本件審決の認定に誤りはない。」（平成17年（行ケ）第10527号）

305　「東京2020組織委員会インタビュー」パテント71巻1月号21-22頁（2018）
306　青木博通「オリンピックと商標」パテント71巻1号21-22頁（2018）

③ アンブッシュ・マーケティング対策

　青木論文によれば、アンブッシュ・マーケティングとは「オリンピックの公式スポンサーではないが、公式スポンサーのような印象を消費者に与えるマーケティング」をいう[307]。

　IOCは従前はスポンサーシップ契約を一業種一企業を原則にしていたため、スポンサー企業になれなかった（ならなかった）企業が、IOCのオリンピック商標に類似するかしないかが微妙な商標等を（IOCからは）抜け駆け（しているように見える）使用をする状況があった[308][309]。

　欧米でのスポンサー企業と同じ業種の非スポンサー企業とは、競合関係にある世界的な大企業同士であり、スポンサー企業にとっては巨額の協賛金を支払ってまで取得した独占的使用権を、競合する非スポンサー企業にただ乗りされては堪らない訳で、IOCがスポンサー企業のためにアンブッシュ・マーケティング対策（競合企業に対する類似商標等の差止警告）を講じることは、欧米の壮大な権利活用ゲームとして興味深いものがある[310]。

　以上から、アンブッシュ・マーケティングとは、IOCが巨額の協賛金と引き換えにスポンサー企業にライセンスを許諾することから必然的に生ずる（スポンサー企業にとっては迷惑な）マーケティング手法ということができるのである[311]。

307　青木博通「オリンピックと商標」パテント71巻1号30頁（2018）。
308　鈴木友也
　　　「今や恒例、オリンピックのゲリラ広告（上）」(https://business.nikkeibp.co.jp/article/manage/20080526/158883/)
　　　「今や恒例、オリンピックのゲリラ広告（下）」https://business.nikkeibp.co.jp/article/manage/20080624/163502/)
309　友利昂「オリンピックvs便乗商法—まやかしの知的財産に忖度する社会への警鐘」第1章（株式会社作品社）2018年11月20日初版
310　我国の場合はスポンサー企業の利益を損なうとは思えない規模でもアンブッシュマーケティング対策の対象となる（例えば、2018年2月7日付北海道新聞「テレビ観戦会も公開中止相次ぐ」）
311　従って、青木論文の定義「オリンピックの公式スポンサーではないが、公式スポンサーのような印象を消費者に与えるマーケティング」は、中小商店がオリンピック商標を付した幟を立てるような到底公式スポンサーの利益を損なうとは思えない態様ではなく、大企業間の壮大なゲームともいえるアンブッシュマーケティングの本来の態様をイメージして受け取るべきである。

Ⅱ．非営利公益団体の登録商標と商標法4条2項の関係

1 商標法4条1項6号と商標法4条2項の関係

商標法は、原則として、自己の業務に係る商品又は役務（以下「商品等」）に使用する自他商品等識別力を有する商標の登録を認め（商標法3条）、例外として、公益的・私益保護の観点から個別に列挙した商標の登録を認めない（商標法第4条）という構成をとる。

本論考で極めて重要な意味を持つ、商標法4条1項6号及び商標法4条2項の関係について以下に考察する。

（1）商標法4条1項6号

商標法4条1項6号は以下を内容とする。

> **商標法4条**（商標登録を受けることができない商標）
> 　次に掲げる商標については、前条の規定にかかわらず、商標登録を受けることができない。
> …
> 六　国若しくは地方公共団体若しくはこれらの機関、公益に関する団体であつて営利を目的としないもの又は公益に関する事業であつて営利を目的としないものを表示する標章であつて著名なものと同一又は類似の商標

条文の見通しをよくするために、

「国若しくは地方公共団体若しくはこれらの機関」を「国・地方公共団体等」と略記し、

「公益に関する団体であつて営利を目的としないもの」を「非営利公益団体」と略記し、

「公益に関する事業であつて営利を目的としないもの」を「非営利公益事業」と略記し、商標法4条1項6号を以下のように簡略に表現する。

> **商標法4条1項6号**（簡略表現）
> 　国・地方公共団体等、非営利公益団体又は非営利公益事業を表示する標章であつて著名なものと同一又は類似の商標は商標登録を受けることができない。

　ここで、「商標登録を受けることができない」とは、何人もどの区分においても「商標登録を受けることができない」という意味である[312]。

　商標法4条1項6号の立法趣旨は「ここに掲げる標章を一私人に独占させることは、本号に掲げるものの権威を尊重することや国際信義の上から好ましくないという点にある」とされる[313]。

（2）商標法4条2項

　商標法4条2項は以下を内容とする。

> **商標法4条**（商標登録を受けることができない商標）
> 　2　国若しくは地方公共団体若しくはこれらの機関、公益に関する団体であつて営利を目的としないもの又は公益に関する事業であつて営利を目的としないものを行つている者が前項第六号の商標について商標登録出願をするときは、同号の規定は、適用しない。

　条文の見通しをよくするために、商標法4条1項6号と同様の簡略表現にしておく。

> **商標法4条2項**（簡略表現）
> 国・地方公共団体等、非営利公益団体又は非営利公益事業を行つている者が、商標法4条1項6号の商標について商標登録出願をするときは、同号の規定は、適用しない。

　商標法4条2項で商標法4条1項6号の例外を定めた理由は

「一項六号の立法趣旨がその者の権威の尊重といった意味なのであるから団体

312　平成28年（行ケ）第10227号：引用商標「JIS」が商標法4条1項6号に該当する著名な標章であると認定した上で、技術分野ではない飲食サービス分野の取引者・需要者も引用商標を認識するとして、以下のように判示する。
　　「引用標章が、我が国の国民生活全般に密接に関わるものであり、国民一般に広く認識される標章であることは上記(2)で述べたとおりであり、「飲食サービスの提供」の分野に係る取引者、需要者のみがその例外とされるべき理由は何ら認められない。原告は、本願商標の指定役務である「飲食サービスの提供」の場面において、取引者、需要者が引用標章を目にし、これに注意を払うという取引の実情がなければ、当該取引者、需要者が引用標章を広く認識することはないかのごとく主張するが、当該取引者、需要者が引用標章を認識する機会は、何も「飲食サービスの提供」の場面に限られるものではないから、原告の上記主張は理由がない。」
313　特許庁編「産業財産権法逐条解説」第20版1410頁

自身が使用するのならば商標登録をしても一向に差し支えないばかりか、逆に団体が業務を行う場合には未登録のものであれ他人のその商標の使用を排除する必要があるから、商標登録を受けられるようにすることが必要だからである」とされる[314]。

（3）商標審査におけるオリンピック商標の取扱い

ここで、IOCの登録商標『オリンピック』（41類）（商標登録第3275674号）及び組織委員会の登録商標（全45区分）（商標登録第6008755号）[315]（以下、登録商標『組市松紋』ともいう）が商標法4条1項6号及び4条2項においてどのように取り扱われたかを検討する。

（3-1）商標登録第3275674号（『オリンピック』、1区分（41類））

（3-1-1）本件登録商標は、JOCにより平成4年10月7日に出願され（商願平04-296468）、平成7年7月27日起案の拒絶理由通知で「この商標登録出願に係る商標は、1984年パリで創立された国際組織である国際オリンピック委員会（IOC）の著名な商標と同一のものである」として商標法4条1項6号に該当して拒絶すべきものとされた。

（3-1-2）JOCは平成7年10月4日付け意見書で「本願出願人は、オリンピック憲章に則り、わが国でIOCの役割と結びつく活動をしており、IOCの委託によりわが国における本願出願人の事業を表示する商標として、商標登録を受け得る」として「商標法第4条第2項の規定により商標登録を受けることができるものであります」と反論した結果、区分の不一致を整合する軽微な補正をした後に平成8年12月19日に登録査定された。

本件登録商標は、平成9年4月4日に商標登録される間の、平成8年2月22日付でIOCに譲渡されたとする平成8年7月19日付の商標登録出願人名義変更届が提出されている。

（3-1-3）この経緯から、特許庁は、本件商標登録出願は商標法4条1項6

314　特許庁編「産業財産権法逐条解説」第20版1417頁
315　2020年東京大会のエンブレムとして野老朝雄により創作されたデザイン『組市松紋』である。

号に該当し、次いで４条２項に該当するとしたことから、以下を認定したことになる。

①IOCが非営利公益団体である、及び／又は、オリンピックが非営利公益事業である；

②査定時に『オリンピック』は著名であった[316]。

IOCは、今に至るも財務内容を開示していない[301]ので非営利公益団体か否かは本来は判断できず、JOCは、当時、財団法人であり、非営利公益法人とはいえない。

従って、特許庁はオリンピックが非営利公益事業であると認定して、本件商標登録出願に商標法４条１項６号及び４条２項を適用したことになると考えられる（JOCは2011年４月１日以降は公益財団法人である）。

（3-2）商標法４条１項６号に関する商標審査基準

特許庁の商標審査基準では、商標法４条１項６号について以下のように解釈運用している。

（3-2-1）平成27年４月１日適用の第11版迄は、オリンピック、IOC、JOCを表示する著名な標章は商標法４条１項６号に該当すると例示した[317]。

（3-2-2）平成28年４月１日適用の第12版以降[318]は、「非営利公益団体」としてIOC、JOCを例示し、「非営利公益事業」としてIOC、JOCが行う競技大会であるオリンピックを例示する。

「表示する標章」として国際オリンピック委員会の略称『IOC』、日本オリンピック委員会の略称『JOC』及び『オリンピック』を例示する。

その結果、現在では、特許庁は、IOCファミリーが商標登録出願したオリンピック関連の査定時に著名な商標に対して、「商標法４条２項に基づき商標

316　著名であることの判断時期は査定審決時である（商標第４条３項に関する商標審査基準（第13版））

317　商標審査基準第11版（https://www.jpo.go.jp/system/laws/rule/guideline/trademark/kijun-kaitei/document/11th_kaitei_h27/01.pdf）

318　商標審査基準第12版（https://www.jpo.go.jp/system/laws/rule/guideline/trademark/kijun-kaitei/document/11th_kaitei_h28/12han.pdf）

法4条1項6号が適用されない」ことを前提としており、拒絶理由通知でいちいち「商標法4条1項6号に該当する」旨は指摘しない運用がなされていると考えられる。

（3-3）商標登録第6008755号（『組市松紋』、全45区分）

（3-3-1）本件登録商標は、平成28年2月24日を優先権主張日としてリヒテンシュタイン公国で出願された後、我国に平成28年4月7日に商標登録出願され、拒絶理由通知では、商標法4条1項6号に該当することを指摘されないまま、軽微な補正がされて平成29年12月9日に登録査定、平成30年1月5日に商標登録されている。

（3-3-2）本件登録商標は、平成28年4月25日に公表されているので、登録査定時には著名になっている[(S211)]。

（3-4）IOCファミリーの出願戦略

（3-4-1）登録商標『オリンピック』及び『組市松紋』の経緯をみてもわかるように、IOCファミリーは、オリンピック商標を我国に商標登録出願するにあたって、商標審査において商標法4条1項6号に該当させ商標法4条2項を適用して登録されることを確実にするために、まずIOCが出願・登録して、登録商標をIOCファミリー内で譲渡しあうという運用をしてるようである。

（3-4-2）大会ブランド保護基準[(S205)]（9頁）では、『オリンピック』、『IOC』、『オリンピックシンボル』、『JOC』、『がんばれ！ニッポン』等は、オリンピック、IOC、JOCを表示する商標法4条1項6号に該当する著名な商標であると説明されている。

（3-5）小括

以上から、IOCファミリーがライセンス活動の対象とする多くの登録商標は、商標法4条2項が適用されて登録された商標（以下「4条2項登録商標」）であるということができ、IOCファミリーはオリンピック商標を4条2項登録商標にすることを出願戦略の基礎としていることがわかる。

② 商標法24条の２第２・３項、30条１項及び31条１項と商標法４条２項の関係

（１）商標法24条の２第２・３項、30条１項及び31条１項

商標法24条の２第２及び３項は以下を内容とする。

> **商標法24条の２（商標権の移転）**
> ２　国若しくは地方公共団体若しくはこれらの機関又は公益に関する団体であつて営利を目的としないものの商標登録出願であつて、第四条第二項に規定するものに係る商標権は、譲渡することができない。
> ３　公益に関する事業であつて営利を目的としないものを行つている者の商標登録出願であつて、第四条第二項に規定するものに係る商標権は、その事業とともにする場合を除き、移転することができない。

条文の見通しをよくするために、商標法４条１項６号と同様の簡略表現にして、さらに商標法30条１項及び31条１項を書き下しておく。

> **商標法24条の２（簡略表現）**
> ２　国・地方公共団体等又は非営利公益団体の商標登録出願であつて、第四条第二項に規定するものに係る商標権は、譲渡することができない。
> ３　非営利公益事業を行っている者の商標登録出願であつて、第四条第二項に規定するものに係る商標権は、その事業とともにする場合を除き、移転することができない。
>
> **商標法30条（専用使用権）**
> １　商標権者は、その商標権について専用使用権を設定することができる。ただし、第四条第二項に規定する商標登録出願に係る商標権及び地域団体商標に係る商標権については、この限りでない。
>
> **商標法31条（通常使用権）**
> １　商標権者は、その商標権について他人に通常使用権を許諾することができる。ただし、第四条第二項に規定する商標登録出願に係る商標権については、この限りでない。

（２）立法趣旨

それぞれの条項の立法趣旨は以下の通りである。

（2-1）商標法24条の２第２、３項

「二項及び三項はともに四条二項の規定によって商標登録出願をし商標登録を受けた商標権は、四条二項のその者自身の出願に対してのみ商標登録をするという趣旨を貫くために移転に対しても制限を加えたものである。また、

二項で「譲渡」としたのは一般承継の場合には移転ができる趣旨であり、これに対して三項については「その事業とともにする場合を除き」一切移転はできない。」[319]

（2-2）商標法30条1項及び商標法31条1項

「一項は、商標権者が、その商標権について専用使用権を設定し得ることを規定している。ここで、専用使用権を設定できるのは商標権のうち、商標権者が指定商品又は指定役務について登録商標の使用をする権利を専有する部分のみであることはいうまでもなく、禁止権の部分については設定できない。この関係は通常使用権についても同様である。なお、四条二項に規定する商標登録出願に係る商標権については、その立法趣旨から、使用許諾を認めない。」[320]

（3）非営利公益団体の登録商標に係る商標権の権利活用の制限

ここまで、本論考にお付き合いいただいた読者は「？？？」となって不思議ではない（筆者も同様であった）。以下に「？？？」の内容についてさらに詳細に論じる。

商標法においては、以下のように、非営利公益団体の登録商標に係る商標権の権利活用が制限されている。即ち、

非営利公益団体の商標法4条2項が適用されて登録された登録商標に係る商標権は、

●譲渡が禁じられ、その事業とともにしか移転することができず（商標法24条の2第2・3項）、

●専用使用権を設定することができず（商標法30条1項）、

●通常使用権を許諾することができない（商標法31条1項）のである。

ライセンスを許諾するとは、専用使用権を設定又は通常使用権を許諾することを意味するので、非営利公益団体の4条2項登録商標に係る商標権は、我国

319　特許庁編「産業財産権法逐条解説」第20版1497頁
320　特許庁編「産業財産権法逐条解説」第20版1515頁

ではライセンスを許諾することができないということになる。

（4）特許庁及び当の非営利公益団体の認識

（4-1）特許庁による調査研究報告書

　　非営利公益団体の登録商標に係る商標権の権利活用が制限されていることについて、特許庁及び当の非営利公益団体は非常に意識的であることが、以下の文献からよくわかる。

　　（4-1-1）特許庁が、平成28年度特許庁産業財産権制度問題調査研究報告書の一つとして「大学をはじめとする公益に関する団体等を表示する商標のライセンスに関する調査研究報告書」（以下「調査研究報告書」という）を公表している[321]。

　　（4-1-2）調査研究報告書では、公益に関する団体等を表示する商標の活用に関する実態と具体的なニーズを把握するため、公益団体等1060者を対象にアンケートを行い、491者（ほぼ半数は「国立大学法人・大学共同利用法人」、「公立大学法人」及び「学校法人）より回答を得ている。

　　アンケート結果からは、上述した商標法4条1項6号、4条2項、30条1項及び31条1項の関係を意識した権利活用を行っていることが伺える。

　　即ち、アンケート結果及びそれに伴うヒアリング結果によれば、

①回答者のほぼ半数は団体を表示する標章を自身でのみ使用しており（調査研究報告書24頁）；

②ライセンスする場合、自他商品識別機能又は出所表示機能を有する態様ではない使用について許可し；

③著名でない新しいシンボルマークを商標登録してライセンスをする（調査研究報告書44頁）ということである。

　　（4-1-3）特許庁のまとめでも、特に「商標権のライセンスを望む場合には、公益団体等を表示する標章について、著名になる前の段階で早期に商

321　特許庁HP（https://www.jpo.go.jp/cgi/link.cgi?url=/shiryou/toushin/chousa/zaisanken.htm）

標登録出願を行い、商標法第4条第1項第6号に該当しないものとして商標権を取得することが、一つの方策となると考え得るところである。」と注意を促している（調査研究報告書65頁）。

（4-1-4） 特許庁のまとめでは、さらに「諸外国の法制度の調査によれば、公益的な標章について、我が国と同様に他人による登録が禁止されている国が多く存在したが、ライセンスの規定については、公益的な標章について別の取扱いを規定する国は、韓国における業務標章以外には見られなかった。」と指摘しており、外国では、非営利公益団体の登録商標のライセンス活動に制限がない場合が多いことがわかる。

（4-2）NPO法人の商標戦略―非営利活動における商標権の役割― [322]

特許庁の企画調査課商標動向係・人材育成係である宮川元氏による解説であるが、非営利公益団体の登録商標のライセンス活動の制限について明確に注意を促している。

具体的には、同論文2頁で「NPO法人は商標法第4条第1項第6号における「公益に関する団体であって営利を目的としないもの」に含まれる」と前置きした上で「現行の商標法では第4条第2項の規定によって商標登録を受けた商標権は、第30条第1項及び第31条第1項の規定により、専用使用権の設定又は通常使用権の許諾をすることができない」と説明し「ブランドや知名度の向上等を目的に商標権のライセンスを考える場合は、NPO法人の名称を表示する標章について、著名になる前の段階で早期に商標登録出願を行い、商標法第4条第1項第6号に該当しないものとして商標権を取得する手段が考えられる」として、特許庁の調査研究報告書と同趣旨の注意をしている。

（4-3）コラム：国立大学や国立研究開発法人の商標ライセンス [323]

同コラムで、富岡英次氏は、商標法30条及び31条と商標法4条2項の関係

322　宮川元「特許庁特技懇誌」285号（http://www.tokugikon.jp/gikonshi/285/285kiko2.pdf）
323　富岡英次「早稲田大学知的財産法制研究所［RCLIP］」（https://rclip.jp/2018/01/25/201802column/）

により非営利公益団体の登録商標に係る商標権の権利活用が制限されていることを説明している。

　その上で、大学のライセンス活用について「大学における取扱いの未熟さ等は、商標法が現在のように国立大学等の登録商標ライセンスを許さない規定となっているため、その運用規定等の定めが不備なものに止まっているという面もあるのではないかと考える。また、国立大学中にもグッズ販売に積極的なところがあろうが、他の国立研究開発法人や、公益法人等の中には、もっと積極的にブランド活用のために登録商標のライセンスが必要であり、これを望む主体がかなりあることも推測できる」なる現状を打破するために「主体が、ライセンシーをきちんとコントロールすることを条件または前提として、登録商標のライセンスを法的に正面から認める方が健全ではないだろうか」と提案している。

　さらに「現時点において、この点についての適切な商標法改正が望ましいと思われる。単純に30条１項及び31条１項の各但書きの削除を望む論者もある…が、立法の形式は様々に考えられ、法については、上記削除とする場合にも、４条１項６号及び２項によって法的に手厚く保護されていることとの関係で、何らかのガイドライン程度が作成されることが望ましいと思われる」と提案されている。

（４-４）小括

　以上のように、非営利公益団体の４条２項登録商標に係る商標権の権利活用が制限されていることは、NPO及び大学関係者には周知の事項であり、当該制限下で登録商標の活用を試行錯誤し、法改正について真剣な議論が行われているのである。

Ⅲ．オリンピック商標のライセンス活動の商標法上の位置付け

1 商標法上の制限

本論考をここまで読み終わった読者は以下の結論について大きな疑問は抱か

れないのではないだろうか。

　特許庁の商標審査基準で非営利公益法人とされているIOCファミリーが所有する2020年東京大会に関する多くの４条２項登録商標は、

⒜譲渡が禁じられ、その事業とともにしか移転できず（商標法24条の２第２、３項）、

⒝ライセンスすることが禁じられている（商標法30条１項、31条１項）。

　上記⒜から、IOCファミリーの間で４条２項登録商標を移転しあう場合は、事業と共に一般承継をすることになる。

　上記⒝から、IOCファミリーの４条２項登録商標を、商標権者以外の第三者にライセンスすることはできない（上記⒜の効果により、IOCファミリー内でも、商標権者以外のIOCファミリーには４条２項登録商標についてライセンスすることができないことになる）。

② 商標法上の制限がもたらす帰結

（1）帰結１：アンブッシュマーケティング対策の制限

　IOCファミリーによるアンブッシュマーケティング対策は、以下を原則とする。

A．IOCファミリーのオリンピック商標をライセンスしたスポンサー企業の利益を守るために、IOCファミリーがオリンピック商標に係る商標権の禁止権を行使する。

B．スポンサー企業は一業種一企業を原則とする[324][325]。

　上記原則A及びBは、IOCがワールドワイドに宣言しておりIOCのビジネスモデルの基礎となるが、我国では、以下に示すように上記原則A及びBが成立

324　組織委員会HP「株式会社読売新聞東京本社、株式会社朝日新聞社、株式会社日本経済新聞社及び株式会社毎日新聞社との東京2020スポンサーシップ契約について」（https://tokyo2020.org/jp/news/sponsor/20160122-01.html）

325　公益社団法人日本マーケティング協会「リサーチプロジェクト研究報告会レポート」（第１回スポーツマーケティング研究報告会レポート「オリンピック・マーケティング」）（https://www.j-mac.or.jp/past-researchproject/12349/）

しない極めて重要な場合がある。

（1-1）　4条2項登録商標の場合

　　IOCファミリーの4条2項登録商標については、そもそもライセンスできないのであるから、アンブッシュマーケティング対策の前提が存在しないので、アンブッシュマーケティング対策の対象外になるはずである。

　　そうであれば、大会ブランド保護基準 [S205] におけるアンブッシュマーケティング対策の説明において、IOCファミリーの4条2項登録商標は対象とされないことを明示することを、組織委員会は検討すべきではないかと筆者は考える。

（1-2）　4条2項登録商標以外のオリンピック商標の場合

　　我国では、組織委員会とIOCの協議により、上記原則Bの例外となる多くの業種がある [324][325]。

　　当該業種においては、競合企業が相乗り契約するので、スポンサー企業の利益を損なうようなアンブッシュマーケティングを行うスポンサー企業並に強力な競合企業が存在しないことになる。そうであれば、スポンサー企業の商品を取り扱う中小小売店が集積する中小商店街、小規模の非営利団体、非商標的使用等の、大企業たるスポンサー企業の利益を損なうとは到底考えられない事例に対してまでアンブッシュマーケティング対策をすることはその趣旨を逸脱するのではないかと筆者は考える。

（2）帰結2：違法ライセンス・商標権侵害罪・権利濫用

（2-1）一般論（その1）

　　甲（非営利公益団体）が乙（第三者）に対して4条2項登録商標について、
①商標法30条1項及び31条1項に反してライセンスの許諾をし、
②乙以外の者による使用には商標権の禁止権を行使する、
という内容のライセンス契約を締結した場合、商標法上どのような取扱いになるかを検討する。

　　この場合、甲と乙とは、甲が乙に4条2項登録商標についてライセンス契約を締結することになる。

　しかし、当該契約は、強行法規である商標法30条1項及び31条1項に違反する違法ライセンス契約であるので民法90条に基づき無効である。

> 民法90条（公序良俗）
> 公の秩序又は善良の風俗に反する事項を目的とする法律行為は、無効とする。

　その結果、乙は、無権限のまま登録商標を使用することになるので、商標権を侵害することになり（商標法25条）、乙の当該登録商標の使用は商標権侵害罪を構成することになる（商標法78条）。

> 商標法25条（商標権の効力）
> 商標権者は、指定商品又は指定役務について登録商標の使用をする権利を専有する。ただし、その商標権について専用使用権を設定したときは、専用使用権者がその登録商標の使用をする権利を専有する範囲については、この限りでない。

> 商標法78条（侵害の罪）
> 商標権又は専用使用権を侵害した者（第三十七条又は第六十七条の規定により商標権又は専用使用権を侵害する行為とみなされる行為を行つた者を除く。）は、十年以下の懲役若しくは千万円以下の罰金に処し、又はこれを併科する。

　さらに、甲による当該契約に基づく商標権の禁止権（差止請求権）の行使は権利濫用とみなされる可能性がある（民法1条3項）。

> 民法1条（公序良俗）
> 3　権利の濫用は、これを許さない。

（2-2）IOCファミリーによる4条2項登録商標のライセンスの許諾の場合

　IOCファミリーのライセンス活動の実態及び上記一般論（その1）を考慮すれば、IOCファミリーによる4条2項登録商標のスポンサー企業に対するライセンス契約において、IOCファミリーは甲に該当し、スポンサー企業は乙に該当し得る。そうであれば、

　当該契約は違法ライセンス契約であることを、

　乙は4条2項登録商標に係る商標権侵害罪であることを[326]、そして、

　甲による４条２項登録商標に関するアンブッシュマーケティング対策における差止警告は商標権の禁止権の濫用であることを問われる可能性がある。

　従って、オリンピック商標の４条２項登録商標のライセンス契約に関わる関係者は、上記可能性について十分に検討しなければならないと筆者は考える。

（２‐３）一般論（その２）：商標法侵害罪の解消策

　上記一般論（その１）において乙が商標権侵害罪に問われた場合、以下の方策で解決するしかないと筆者は考える。

　乙は、甲の４条２項登録商標に係る商標登録に対して特許庁に無効審判（商標法46条１項）を請求して、甲の４条２項登録商標に係る商標登録を遡及消滅させる。

　無効理由は商標法４条１項７号（公序良俗）該当が考えられる。

商標法46条１項（商標登録の無効の審判）
商標登録が次の各号のいずれかに該当するときは、その商標登録を無効にすることについて審判を請求することができる。この場合において、商標登録に係る指定商品又は指定役務が二以上のものについては、指定商品又は指定役務ごとに請求することができる。
一　その商標登録が第三条、第四条第一項、第七条の二第一項、第八条第一項、第二項若しくは第五項、第五十一条第二項（第五十二条の二第二項において準用する場合を含む。）、第五十三条第二項又は第七十七条第三項において準用する特許法第二十五条の規定に違反してされたとき。
2　前項の審判は、利害関係人に限り請求することができる。

商標法４条（商標登録を受けることができない商標）
　次に掲げる商標については、前条の規定にかかわらず、商標登録を受けることができない。
…
七　公の秩序又は善良の風俗を害するおそれがある商標

326　ここでは、乙になりうる典型的な例としてスポンサー企業を挙げたが、ライセンス許諾は有償・無償によらないので、例えば、組織委員会が個別に契約する大会ボランティアに、４条２項登録商標を付したユニフォームの着用を認めた場合、数万人に及ぶ大会ボランティアも乙になりうる[S209]。

③ 商標法上の制限がもたらす帰結がもたらす課題

（1） 過去約20年の間に行った、大阪市及び東京都による３回にわたるオリンピック招致活動において、IOCが立候補都市に要求するオリンピック憲章及び法的側面の遵守に対して、我国政府はIOCに政府保証を提出している[327]。

オリンピック憲章の遵守を保証するとは、オリンピック開催の過程で資産権利規則（憲章規則7.4[S101]）で宣言する「オリンピック資産をライセンスできること」を保証することを意味し、当然に、４条２項登録商標について、スポンサー企業に協賛金の拠出を条件にライセンスを許諾して使用権を付与し、IOCファミリーがアンブッシュ・マーケティング対策をしてスポンサー企業の利益を守ることができる（その結果、法的側面の遵守に繋がる）ことが含まれる。

しかし、上述したように、４条２項登録商標についてのライセンス契約は違法ライセンスになりえ、スポンサー企業は商標権侵害罪の状態に置かれうる。

（2） 上記帰結では、最低限の国内的な救済策として商標権侵害罪の解消策を提示したが、４条２項登録商標についての違法ライセンスは、そもそもオリンピック招致時の政府保証に基づく、IOCとの立候補ファイルを通じた契約及び開催都市契約に違反することに繋がるので、IOC及びオリンピック参加国との関係を考慮すれば、違法ライセンス状態を合法化して、IOCとの契約違反状態を最小限の修正で解消することが不可欠である[328][329]。

違法ライセンス状態の合法化策については、筆者は腹案を持つが別の機会に論じたい。

327　政府保証についてはそれぞれの招致活動報告書に詳細に説明されている（なお、大阪市の招致活動報告書は大阪市のHP上で直接見ることができなくなっている）。
　　●2008年大阪招致（http://iss.ndl.go.jp/books/R100000002-I000003620869-00）（129－132頁）
　　●2016年東京招致（http://www.shochi-honbu.metro.tokyo.jp/reppdf/TOKYO2016_Bid_Report.pdf）（132頁）
　　●2020年東京招致（https://www.2020games.metro.tokyo.jp/taikaijyunbi/torikumi/syochi/pdf/syochihokokusyoall.pdf）（50－51頁）

　　オリンピック商標の４条２項登録商標のライセンス許諾契約に関わる関係者及び知的財産に関わる専門家は上記課題について検討されたい[330]。

④ オリンピック商標の違法ライセンス問題を図解する

　　第１～３章の帰結に基づいて、2019年３月28日現在の本問題の関係者の契約関係の相関と、ライセンス関係を以下に図解した。

　　読者には第４章を読む際の参考にされたい。

328　本論考を検討する過程で「違法ライセンス契約を商標権の禁止権不行使契約と読み替えれば違法状態を解消できるのではないか」なるご意見を何人かの方からいただいたので、以下にコメントする。

　　知財権の侵害は、社会秩序の維持目的に極めて重要との観点から、知財法の中に刑罰が定められている。

　　従って、知財権者が相手方の侵害行為を許容する禁止権不行使契約（というと聞こえはよいが、要は「侵害行為黙認契約」である）をすることは脱法的行為といえる。

　　商標法では、４条２項登録商標は、権威尊重及び国際信義の観点から本来の使用者以外には使用させないという趣旨の下で、他の知財権と異なり、あえてライセンスを禁止する条項を定める（当事者間の合意で適用を免れることができない強行法規である点に留意されたい）。従って、４条２項登録商標について侵害行為黙認契約をすることは、さらに重い（社会秩序の維持目的を骨抜きにする）脱法的行為といえる。

　　また、「アンブッシュマーケティング対策」の趣旨は、正当権原を有する者だけに登録商標の使用を認めることを厳格に運用するということであるから、一律全てが無権利者の中で、契約によって特定者の侵害を公に放置して、特定者以外に禁止権を行使して使用させないとすることは「アンブッシュマーケティング対策」の趣旨に反するだけでなく、一私的機関の恣意で商標制度を根本的になし崩すことになり、IOCは納得しないであろうし、国際社会から我が国は法治国家とはいえないと指摘されかねない。

329　本論考は権利活用の段階の話に絞っているが、４条２項登録商標をライセンスすることができないことは、出願時の指定商品・役務の範囲にも影響し得る。

　　商標法４条２項に該当しうる出願商標は、非営利公益団体又は非営利公益事業の範囲で、将来にわたり出願人自ら使用する（第三者へのライセンスが想定されていない）のであるから、指定商品・役務は非営利公益事業の範囲で自らが使用する範囲でなければ、商標法３条１項柱書（使用意思）違反になるはずである。

　　実際、組織委員会の商標登録第5626678号（『TOKYO2020』、全45区分）は、全45区分のそれぞれに夥しい数の商品・役務を指定しており、審査において商標法３条１項柱書違反を指摘されている（組織委員会は使用意思の証明として非常に簡潔な事業計画書を提出し当該指摘を解消している）。

　　不使用取消審判（商標法50条１項）の趣旨を考慮すれば、事業計画書は、出願時から３年以内に自らが使用する具体的予定を内容とすべきと考えられるが、これだけ多くの商品・役務の全てを、出願人自らが非営利公益事業の範囲で使用することは、常識的に考えて無理があろう（上記の「簡潔な事業計画書」は簡潔すぎると考えるのである）。

《契約関係相関図》

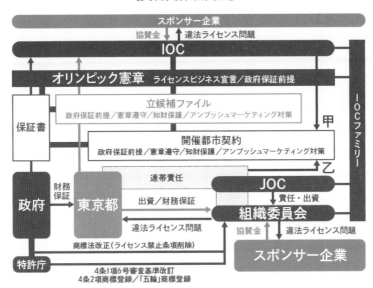

《ライセンス関係図》

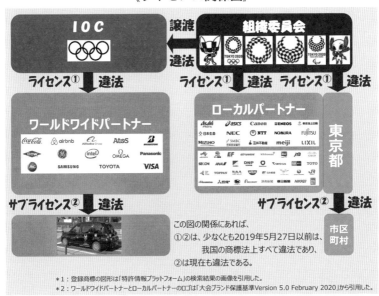

この図の関係にあれば、
①②は、少なくとも2019年5月27日以前は、
　我国の商標法上すべて違法であり、
②は現在も違法である。

＊1：登録商標の図形は「特許情報プラットフォーム」の検索結果の画像を引用した。

＊2：ワールドワイドパートナーとローカルパートナーのロゴは「大会ブランド保護基準Version 5.0 February 2020」から引用した。

おわりに

　本論考の帰結は、商標法に関する弁理士受験及び民法の初歩的知識に基づいて容易に理解できるが、非常に重いものである。

　本論考の帰結は、知的財産制度の専門家たる弁理士が既に考察してしかるべきであったと思われるが、筆者も「公益性の観点からみた東京オリンピックのロゴ等の知財管理」を2016年から年に1回のペースでパテント誌に投稿して4件目にしてようやく今回の帰結に到達したことは不明の至りであり猛省している。

　これまでに投稿した論考について、今回の帰結に気付かぬままに記載した部分については、パテント誌編集部と相談して機会をみて訂正するつもりでいる。

　筆者は、2020年東京大会関係者（特に東京都）には、本論考で指摘した困難を乗り越えて、是非とも2020年東京大会を実現するべく努力していただきたいと心より願っている。

Ⅳ．第3章ドキュメント

　オリンピック知財の違法ライセンス問題については、

　2019年3月10日に第3章の基になった論文がパテント誌に掲載され、

330　2018年12月27日に開催された「産業構造審議会知的財産分科会商標制度小委員会」第4回において、商標法31条1項但書（通常使用権の許諾禁止）を削除する法改正案が討議された（https://www.jpo.go.jp/shiryou/toushin/shingikai/pdf/t_mark04new/t_mark_gijiroku04new.pdf）。
　　第3章Ⅱ2（3-2）（3-3）のNPO・大学法人の4条2項登録商標の活用実態をベースに議論されているが、これらとは次元の異なる規模のIOCファミリーによる違法ライセンスが疑われる状況に全く言及していない。NPO・大学法人だけを考慮した理屈に基づく法改正が結果的にIOCファミリーの状況を将来的に合法化する（遡及的に法改正前の状況は合法化できない）となれば、IOCファミリーのライセンス活動の実態を全く議論しない有識者の見識が問われることになろう。

2019年3月20日に小川敏夫参議院議員の国会質疑がなされ、

2019年3月28日に東京新聞が特報記事を掲載しました。

　この間、著者にとっては生まれて初めての貴重な経験をいろいろとしており、記録に残すのも意義があるかと思い、以下にまとめてみました。

① 小川敏夫参議院議員の国会質疑の傍聴

　著者は、新宿で特許事務所を営む弁理士ですが、行政書士会新宿支部に所属する行政書士でもあります。

　新宿区の筋金入りの行政書士の先生方とは、専ら新宿−新大久保界隈で開催される研修に参加した後の飲み会でのお付き合いが多かったのですが、行政書士の先生が主宰する劇団で三雲崇正新宿区議（立憲民主党、弁護士・行政書士）が主役を演じた朗読劇を、著者がブログ記事にしたご縁で[331]、三雲区議と、オリンピック知財の違法ライセンス問題について、意見交換する機会を得ることができました。

　三雲区議はお忙しい中、まだ第3章の基になった論文の構想段階の話について、著者のパワポ資料を使用した30分程度の説明を聞いただけで、問題の本質を完全に理解されました。

　三雲区議は「これは大変な問題であり、国会議員マターですね」と言われ、心当たりの国会議員に話をされ、東京一区選出で新宿区に馴染みある海江田万里衆議院議員に著者の話を聞いてもらう機会を作ってくれました。

　2018年11月16日に第3章の基になった論文をパテント誌に投稿した後、

　2018年12月26日に、三雲区議と共に衆議院議員会館の海江田衆議院議員を訪問して、印刷資料での説明を聞いていただきました。

　元経産相の海江田衆議院議員も、著者の30分程度の説明で問題の本質を完全に把握され、国会で質疑するのであれば、むしろ法律のプロたる小川敏夫参議

331　特許の無名塾『『朗読劇　こころ』新宿より漱石に愛を込めて（その2）』(http://patent-japan.sblo.jp/article/178849136.html)

院議員の方が相応しいので紹介すると言っていただきました。

　そして、2019年2月6日に、三雲区議と共に参議院議員会館の小川議員を訪問して、印刷資料での説明を聞いていただきました。

　元法相であり元検事でもある小川参議院議員も、著者の30分程度の説明で問題の本質を完全に把握され、少し検討させて下さいと言っていただき、小川参議院議員がどう動かれるのかを待つことになりました。

　2019年3月に入ってから、三雲区議から小川参議院議員が（JOCを管轄する）文科省に聴取しているらしいとの話を伺い、いよいよかと思った矢先の3月19日に、三雲区議から明日3月20日に、小川参議院議員が参院法務委員会で本件について質疑することになったとの連絡が入りました。

　著者は、千載一遇の機会と考え、小川参議院議員の質疑を直接傍聴しようと思い立ち、小川参議院議員の事務所経由で傍聴手続をしていただき、3月20日の参院法務委員会に潜り込みました。

　小川参議院議員の質疑は、わずか正味15分（審議中断含める25分弱）程度なのですが、まさに小川砲炸裂の迫力で、冒頭から、公益著名商標のライセンス禁止条項の説明を行い、日常目にするタクシードアに印刷されたオリンピックエンブレムを例に挙げ、単刀直入に「でも、これって、この商標法に違反して、本来他人に使用許諾できないものをこのJOCや東京2020委員会は使用を許諾している、まさに商標法違反をやっているんじゃないですか」と、内閣官房の官僚に迫ったのです [508]。

　聞いていた著者は、質問開始3分ほどで本題に切り込む小川参議院議員の高度なディベート力に度肝を抜かれました。

　しかし、小川砲を受けて立ったのが、本書執筆中の緊急事態宣言下に夜のラウンジ訪問で物議を醸したあの白須賀大臣政務官（当時）で、おそらく小川参議院議員の質問の意味が理解できなくて飄々とできたと思うのですが「大会エンブレム等の使用につきましては、商標権のほか、著作権や民法上のライセンス契約に基づく方法があると承知しています」とのピンボケ答弁をするのでした。

　白須賀先生のピンボケ答弁に不安を抱いた内閣官房の官僚が答弁を引継ぎますが、小川砲の連射が続き、頻繁に答弁が中断します。

　結局、特許庁総務部長が登壇して、小川参議院議員の商標法違反の指摘を認め、その是正策として「**公益著名な商標について、例えばマグカップに着けたいですとか…のニーズがございます**」ので、公益著名商標のライセンス禁止条項を一部削除する商標法改正を検討していることを説明しだします。

　しかし、小川参議院議員は「**ほかのニーズがあるようなことを言っているけど、実際にはこのJOCがやっていることを後付けで合法化するために法改正するわけですよ**」と一刀両断にして、わずか15分とは思えない密度の濃い質疑を切り上げました。

　小川参議院議員は前もって質問通告している筈なので、答弁する側は準備万端で臨むと思いきや、答弁が中断している間、10人ほどの官僚達が額を寄せ合って「民法上のライセンス契約でできるのでないのか？」と真剣な表情で議論しているのが聞こえ（中継では音声がカットされ聞き取れませんが）、官僚の知的財産制度の理解力はこの程度なのかと思ったものです。

　小川参議院議員の15分の質疑は、本書の第3章と第4章の説明の本質部分を抜き出した簡潔なダイジェストになっていますので、YouTubeでまだ見ることができる中継録画[508]をご覧になることをお奨めします。

※※※※※※

　確かツイッターで読んだと思うのですが、当日、先に質疑を終えて小川参議院議員の質疑を隣で聞いていた有田芳生参議院議員が「小川先生の質疑はとても重大なことのように思ったのだが、どうも今一つピンとこなかった」なる趣旨のご意見を発信されていました。

　著者には小川参議院議員の質疑は100％理解できるのですが、小川砲に沈んだ官僚達だけでなく、ジャーナリストで執筆家である有田参議院議員にしてピンとはこないのかと、やはり商標制度を専門家以外の方々にピンとくるように説明するのは至難であることを思い知らされました[332]。

小川敏夫 ✔ @OgawaToshioMP · 2019年3月19日 ···
本日の法務委員会では、スポンサーに対するオリンピックの大会エンブレム等の使用許諾が、それを禁止する商標法31条違反にあたるのではないかと問い質しました。公正な立場であるべきJOCが、脱法的に使用許諾をすることは認めるべきではありません。#法務委員会

小川敏夫参議院議員のツイッターより（掲載の許諾をいただきました）

② 東京新聞の取材を受ける

　第3章の基になった論文の抜刷が3月中旬に弁理士会から届いたので、問題意識の高そうな研究者、新聞・ラジオ・YouTubeの出演者に郵送させていただきました。

　その中には、当時既に東京新聞のスターであった望月衣塑子記者も含めており、著者は、望月記者に見つめられながら単独インタビューを受ける場面などを妄想していました。

　郵送した二日後に、早くも東京新聞から電話があり「望月さんからか！」と思い急いで受話器を取り上げましたら、野太い男性の声で「東京新聞の特報部

332　玉木正之氏は東京新聞で報道されたオリンピック商標の違法ライセンス問題を正確に理解されている数少ないスポーツライターです（特許の無名塾『オリンピック関連登録商標の異議申立と違法ライセンス疑惑の狭間で（13）：マラソン・競歩の札幌実施騒動』（http://patent-japan-article.sblo.jp/index-5.html））。

〔小川敏夫参議院議員の国会質疑会議録（抜粋）〕

る、まさに商標法違反行為をやっているんじゃないですか。

○大臣政務官（白須賀貴樹君）　御質問ありがとうございます。
　組織委員会とライセンス契約を締結したスポーツ企業のものと承知しております。そして、大会エンブレム等の使用につきましては、商標権のほか、著作権や民法上の規定に基づく方法があると承知しております。
　組織委員会からは、スポンサー企業との契約内容につきましては秘密保持契約があるため明らかにはできませんが、大会エンブレム等の使用に当たっては現行法に沿って適切に契約していると聞いております。

○小川敏夫君　いやいや、だって商標法ですよ。そのエンブレムは商標登録しているわけでしょう。それを、使用させてはいけない、使用権を許諾できないよ、こういうところで明文化できないという旨をお聞きするところでございますが、いずれにいたしましても、商標権の方から、どうやって法律に適合するって、この商標法の規定にどうやって適合するんですか。

○政府参考人（十時憲司君）　お答え申し上げます。

○委員長（横山信一君）　速記を止めてください。
〔速記中止〕
○委員長（横山信一君）　速記を起こしてください。
〔発言する者あり〕

○政府参考人（十時憲司君）　お答え申し上げます。
　大会エンブレム等の使用につきましては、商標権ということのほかに、著作権あるいはその民法上の個別のライセンス契約に基づく方法があるということで承知しておりますし、組織委員会から、こういった様々な方法の下で適切に契約されているかどうかは私どもは承知をしておりません。

○小川敏夫君　あのね、登録商標をしている商標ですよ、こういった商標を現に使わせているじゃないですか。何で商標法に違反しないんですか。

○政府参考人（十時憲司君）　お答え申し上げます。
　商標権あるいは商標法の解釈につきましては私ども内閣官房の所管するところではございませんが、実例に即して申し上げますと、例えば熊本県で保有されているくまモンの商標につきましては、くまモンについては商標の登録権等に基づいてライセンス契約を締結しておりますけれども、これとは別に、著作権等に基づいてライセンス契約を締結をして販売あるいは使用されているというふうに伺っているところでございます。

○小川敏夫君　あのね、じゃ、簡単に聞きますけれども、その登録商標というオリンピックのエンブレム、これらを使っているところの著作権法上どうやって許諾されるんですか。（発

使用を許諾しているじゃないですか。商標法は許諾しちゃいけないと書いてあるんですよ。商標法は許諾しちゃいけないと書いてあるんですよ。何で現行法に適合しているんですか。もう一回説明してくださいよ、分かりやすく。

○政府参考人（十時憲司君）　お答え申し上げます。
　大会エンブレム等の使用につきましては、商標権ということのほかに、著作権あるいはその民法上の個別のライセンス契約に基づく方法があるということで承知しておりまして、組織委員会からは、こういった様々な方法の下で適切に契約されているかどうかは私どもは承知をしておりません。

○政府参考人（十時憲司君）　お答え申し上げます。

○委員長（横山信一君）　速記を止めてください。
〔速記中止〕
○委員長（横山信一君）　速記を起こしてください。
〔発言する者あり〕

○政府参考人（十時憲司君）　お答え申し上げます。
　大会エンブレム等の使用につきましては、例えば大会組織委員会とスポンサー企業との間の契約につきましては明らかにはされておりませんが、一般的なライセンス契約ということで申し上げますと、契約内容としては明らかにはされておりませんが、オリンピック、パラリンピックのエンブレムにつきましては、例えば大会組織委員会が作成した際に商標権が発生しているとともに、その権利について著作権が発生しているということで、この権利について大会組織委員会がスポンサー企業とライセンス契約を行っているというふうに承知しております。私どもの閲覧官房におきまして、現行の民法上に契約を行っているという事実を聞いておりますので、特段の問題はないと認識しておりますが、報告も受けておりませんので、特段の問題はないというふうに考えているところでございます。

○小川敏夫君　あのね　事実を聞いているんじゃないって、あなたが答えられなり民法の規定に基づいてやってるって言うんだから、具体的の商標権違反、この商標権の規定が適用されるんですか。

○政府参考人（十時憲司君）　お答え申し上げます。
　今ほども御説明申し上げましたように、当該ライセンス契約は、民間団体と民間企業の私契約の問題でございますが、政府としては関与すべき問題ではないと考えておりますし、また、そういうあるいは民法上の著作権のどの条文で、あるいは民法のどの適用条文、解釈、違法性、適法性といった民法のどの条文に委ねられたものだというふうに聞いているところでございます。

○政府参考人（十時憲司君）　お答え申し上げます。

○委員長（横山信一君）　速記を起こしてください。
〔速記中止〕
○委員長（横山信一君）　速記を起こしてください。
〔速記中止〕
○委員長（横山信一君）　速記を止めてください。
〔発言する者あり〕

○小川敏夫君　民法のどの規定に基づいて適法化されるんですか。

○政府参考人（十時憲司君）　お答え申し上げます。
　大変恐縮でございますが、それぞれの法令の条文、どういう形で規定をされているのか、その根拠はどうか、そこについて違法性があるかないか詳細につきましては私ども報告を受けておりませんし、また、細かくは報告を受けておりませんし、お答えをいたしかねるということちょっとこの場ではお答えをいたしかねるということでございます。

○小川敏夫君　私は契約内容を聞いているんじゃないですよ。民法の規定によって合法化されているんだから、だったら、民法のどの規定によって合法化されるかと聞いているんです。

○政府参考人（十時憲司君）　お答え申し上げます。
　大変恐縮でございますが、私どもの方からそこまでは把握をしておりません。

○小川敏夫君　じゃ、民法の適用条文、解釈、違法、適法性という今ほど申し上げたところに委ねられたと思っておりますし、そして、著作権法の適用条文、それから、合法化されるかと聞いているんですが、民法のどの規定によって合法化されているかと聞いているんですが、私ももといたしまして、現行法に沿って適切に契約されているということをもってこれ以上の関与は必要ないと考えているところでございますので、これ以上の関与は必要ないと考えているところでございます。

○委員長（横山信一君）　速記を止めてください。（発言する者あり）
〔速記中止〕

法改正急ぐ政府 「五輪は念頭にない」

念頭に要望は上がっていが、自治体や大学などの「公益団体等」が自身を表示する著名な商標権のライセンスを認める措置を講ずる商標法の改正だ。「特許法等の一部を改正する法律案」に盛り込まれ、三月一日に衆院に提出された。改正の中身は、商標法三一条のうち、他人への通常使用権の許諾を認めない規定をあっさりと削除する内容。

際、五輪の契約は、議論に上らなかったという。

柴氏の指摘に対し、川上敏寛・特許庁総務課制度審議室長も「一六年度の調査研究室でも、大学への適用を論じることはなかった」と述べ、特に異論はなかったという。

では、組織委はどうか。商標法違反の指摘について問い合わせたが、「確認中」との回答にとどまり、特許庁は違法性を判断する立場にない」と述べる。

こうした中、浮上したのが、大きな法改正に合わせ議論されたもので、小委が開かれた当初、五輪のライセンスの指摘は念頭になかった」とし、「後付け」の指摘を否定した。

柴氏が東京五輪のライセンス契約を「違法」とする根拠とした部分に当たる。柴氏は「政府はこの問題を真正面から議論しておらず、不誠実だ。後付けで違法状態を解消しようとしている」と批判する。

昨年十二月、特許庁の産業構造審議会の小委員会で法改正が取り上げられた際、五輪のライセンス契約の中身は、個々の商取引の範疇ならば分からないが、「商標法上の契約、通常使用権の設定がとられているんじゃないか」と追及。これに対し、白須賀貴樹・文部科学大臣政務官は「法に沿って、適切に契約していると聞いているが、違法性については内閣官房の担当者に問われる可能性がある」（柴氏）という。

「オリンピックvs便乗商法」の著書がある著述家の友利昴氏は、「社会に大きな影響を及ぼすとは思わないが、現行の商標法にてらせば、ライセンス契約に違反しているならば、「差し止め権」を行使し、差し止めを求めるケースがある。しかし、仮に、これまでのライセンス契約が商標法に違反しているならば、「差し止め権」を使って、禁止の乱用に問われる可能性がある」（柴氏）という。

今月二十日の参院法務委員会で小川敏夫氏（立憲民主）が「JOCや組織委員会は、商標権者として「商標権の禁止権」を行使して、差し止めを求めるケースがある。しかし、仮に、これまでのライセンス契約が商標法に違反しているならば、「差し止め権」を使って、禁止の乱用に問われる可能性がある」（柴氏）という。

この問題をめぐっては、輪に関する登録商標を第三者が不正に使った場合には、IOCや組織委が商標権者として「商標権の禁止権」を行使し、差し止めを求めるケースがある。

営利と公益性
矛盾が表面化

不正便乗商法の恐れがある例

- TOKYO2020●●●●●●
- ●●●リンピック
- 祝！東京五輪開催
- 2020スポーツの祭典
- 目指せ金メダル
- ロンドン、リオ、そして東京へ
- 2020へカウントダウン
- 2020年にはばたく子どもたちを応援
- 東京で未来の夢を実現
- オリンピック開催記念セール
- 2020円キャンペーン
- 祝・夢の祭典
- 「東京」「2020年」の使用（セット・単体ともに）

※大会組織委や日本広告審査機構が例示

態は営利事業にもかかわらず、五輪の実態は営利事業にもかかわらず、時と場合に応じて公益性を使い分けてきた二つの立場を、時と場合に応じて公益性を使い分けてきた二つの立場の矛盾の表れ」とみる。友利氏が今後、心配する「違法」だろう。五輪の実『違法』だろう。

「祝・夢の祭典」「TOKYO2020」普通の単語も使えず？
厳しい規制 行き過ぎに懸念も

のは「禁止権」を使った行き過ぎの規制だ。「便乗商法を何としても阻止したいIOCの方針を背景に「TOKYO2020」のような単に都市名と年号をつなげた言葉までも、商標登録されてしまった。来年予定される「五輪と関係ない東京でのイベントでも、主催者が案内の表現にも自由を感じるのではないか」と危ぶむ。

組織委は「目指せ金メダル」「2020スポーツの祭典」といった表現を使うことも、便乗商法の恐れがあると例示している。友利氏は「権利を振りかざし、商店街のセールなど、応援のためのづくり当たり前の表現じゃない。商品名に使うなど営利目的の一部に限るべきで、市民の側も五輪の応援を萎縮しないでほしい」と求めた。

デスクメモ

現行の商標法の条文を読めば、柴さんの指摘は通りである。登録商標を持っているスポンサー企業は、商標権侵害に問われかねない。むろん今の違法性は消えない。今後の違法性は消えない。今後の違法性は消えないが、その名を連ねるのは大手報道機関も。スポンサーであるが、この「不都合な事実」を報道するだろうか。（典）

2019.3.28

IOCライセンス活動は「違法」

〔東京新聞2019年3月28日付「こちら特報部」（東京新聞より提供）〕

ニュースの追跡

弁理士「商標法に禁じる規定」

国際オリンピック委員会（IOC）などは二〇二〇年東京五輪・パラリンピックを控え、「オリンピック」「五輪」などの商標登録している。公式スポンサー以外の便乗商法を防止する目的だが、そもそもIOCなどがスポンサー企業などにライセンス活動をすることは「商標法で禁じられている、違法の疑いがある」と知的財産の専門家・弁理士が指摘している。一方、今国会には、同法改正案の提出が予定されており、後付けで「適法化」するような政府の対応に批判の声も出ている。

（中山岳、安藤恭子）

オリンピック関連の登録商標についてボードを使い説明する柴大介さん＝東京都新宿区で

「東京五輪の知的財産を巡るライセンス契約には、大きな問題がある。このまま大会準備を進めてしまっていいのか」。弁理士の柴大介氏は、こう危ぶむ。まずは五輪にまつわる規則を定めた「オリンピック憲章」を

どういうことか。まずは五輪にまつわる規則を定めた「オリンピック憲章」をみてみよう。

憲章は、大会に関する資産の権利は、IOCが独占しているとうたう。資産には五輪のエンブレムなどの「知的財産（知財）」も含む。二〇二〇年東京大会では、日本オリンピック委員会（JOC）と大会組織委員会（組織委）が、IOCとの契約に基づいて五輪の知財を扱う。

では、商標法上、五輪以外の企業や個人が、こうした知財を使ってもうける便乗商法「アンブッシュ・マーケティング」の対策に同条二項は、そうした活動をする団体自身が出願した場合には、商標登録を認めている。実際、JOCが一九九二年に「オリンピック」という文言を登録商標にしようと出願した際には、この二項を理由に認められた。

だが、商標法三一条では、四条二項により商標権者になった団体に、他人への「通常使用権」の許諾を認めれば、商標権者に十年間、扱う商品・サービスの信用を守るために、商標登録すれば契約は無効で、五輪に関る商標を使うスポンサー企業は、商標権侵害罪に問われかねないと指摘する。

び、公式スポンサーとしてのライセンス契約を結ぶと知財の使用を認めている。ただし、同法四条一項六号は、国や非営利公益団体などの名称と、公益に関する標章で著名なものは、商標登録できない、商標登録できないと規定。IOCは非営利公益法人に当たるとされ、これに沿うため五輪関連は認められないように思えるが、同条二項は、そうした活動をする団体自身が出願した場合には、商標登録を認めている。

大会開催に巨額の費用がかかるため、組織委は、エンブレムなどさまざまな文言を商標登録している。

ただし、同法四条一項六号は、商標法上は違法の可能性がある。だとすれば契約は無効で、五輪に関る商標を使うスポンサー企業は、商標権侵害罪に問われかねないと指摘する。

柴氏によると、商標法四条二項に基づいて組織委が商標権者になっている五輪の登録商標は五十件を超え、協賛金など国内スポンサーからの収入は三千億円超に上る。「JOCと組織委は、商標権について法律事務所などのチェックを受けていたはずだ。知らなかったでは済まされない。責任の所在を明らかにしないと、これまでのライセンス契約を無効にしないと、違法状態は解消されない」

独占使用を認めている。つまりライセンス契約を禁じるIOCじのもと、JOCや組織委は、エンブレムなどさまざまな文言を商標登録している。

柴氏は「組織委とスポンサー企業とのライセンス契約は、商標法上は違法の可能性がある。だとすれば契約は無効で、五輪に関る商標を使うスポンサー企業は、商標権侵害罪に問われかねない」と指摘する。

企業との契約 見直す必要

長ですが、論文を読ませていただきました」と、著者には嬉しくも一抹の寂しさの入り混じった取材の申し入れだったのでした。

　2019年3月18日に、担当の中山岳記者がカメラマンと共に著者の事務所を訪問され、めかしこんだ著者が、ホワイトボードにまとめておいたオリンピック知財の違法ライセンス問題と、IOCによる『五輪』の商標登録の問題を説明しながら写真撮影されるという夢のような時間が過ぎていきました。

　東京新聞の看板コーナーである「こちら特報部」は、その時々の重要な事件を見開き2頁の紙面を費やしてまとめあげており、東京新聞の読者の一人である著者も必ず目を通しています。

　直接の取材を受けて、特報部の記者の能力が高いことを実感しました。

　中山記者は、わずか1時間の著者の説明で、なかなかピンときにくい商標制度の中での違法ライセンスの問題、さらには『五輪』商標登録の問題の核心を正確に理解されたのです。

　その上で、3月20日の小川参議院議員の国会質疑と、著者が中山記者への説明の中で触れたIOCのアンブッシュマーケティング規制に詳しい友利昴氏への取材結果を併せて、

　2019年3月28日の「こちら特報部」で違法ライセンス問題を、

　2019年4月12日の第1面で『五輪』商標登録問題を、

　2019年4月14日の「こちら特報部」で上の2つの問題の関係を、とても丁寧で正確な記事にして発信してくれました。

　望月記者にお目にかかれなかったのは本当に残念でしたが、東京新聞のエース記者に取材され、丁寧で正確な記事にしていただいたことには感謝の言葉しかありません。

　東京新聞は、2019年3月28日の「こちら特報部」の最後のデスクメモで、以下のようにまとめています。

「現行の商標法を読めば、柴さんの指摘通りである。登録商標を使っているスポンサー企業は、商標権侵害に問われかねない。むろん今後、法改正されても、今の違法性は消えない。スポンサーには大手報道機関も名を連ねているが、こ

の「不都合な真実」を報道するだろうか。」⁽⁵⁰⁹⁾

　この指摘は、スポンサーに名を連ねる大手報道機関が、巨額の損失ででかねない2020年東京大会の中止の可能性になかなか向き合えないコロナ禍にあって、ますます正鵠を射たものになっていますし、報道機関がオリンピックのスポンサー企業などになってはいけないことを、スポンサー企業でない東京新聞が報道した著者自身の記事を見て実感しました。

＊＊＊＊＊＊

　中山記者は、３月18日の取材後に、翌週の３月24日（日）には「こちら特報部」に掲載する予定ですと言ってくれたのですが、24日、25日と過ぎてもなしのつぶてで、東京新聞も取材して事の大きさに驚いてビビったかと憶測したのですが、中山記者から「24日は引退したイチローの特集で押し出されました。28日に順延しましたのでよろしく」との電話があり、イチローに押し出されたのであれば本望と納得したのでした。

第4章
オリンピック商標の
違法ライセンス問題の解決策

Ⅰ．本問題の経緯

1 論文・国会質疑・新聞報道・公開状

　IOCファミリーによるオリンピック商標の違法ライセンス問題[401]（以下「本問題」）は、筆者論文[402] での指摘に端を発し、以下の表4‐1にまとめた経緯で尋常でない速さで改正商標法成立を含め国会の場で公となり、一定の社会的関心を呼んだ。

〔表4‐1〕

年	月	日	第4章関連事項（白抜きは政府・改正法案の動向）	〔注〕
2013	1	7	2020年東京大会立候補ファイル（政府保証）提出	427
2015	9	17	商標審査基準WGで商標法4条1項6号を議論	432
2018	11	16	パテント誌が筆者論文の原稿を受理	402
	12	27	第4回商標制度小委員会で商標法31条1項但書の削除を了承	408
2019	3	1	改正法案（第198回国会閣法32）閣議決定	408
		10	筆者論文が掲載されたパテント誌2019年3月号が発行	402
		20	第198回国会の参院法務委員会で小川敏夫議員が本問題を質疑	403
		28	東京新聞特報面で本問題に関する特集を掲載	404
	4	12	東京新聞第1面で登録商標『五輪』異議申立に関する記事を掲載	405
		14	東京新聞特報面で本問題と異議申立に関する特集を掲載	406
		16	改正法案が衆議院で全員一致で可決	408
		21	筆者が本問題に関するバッハIOC会長へのOpen Letterを公開	407
	5	9	改正法案が衆議院で全員一致で可決	408
		27	改正商標法が施行	408

② 社会的広がり

（**2-1**）筆者は、IOCによる『五輪』商標登録出願（以下「出願」）に出願当初から注目したが[(409)]、違法行為に関する本問題の方が社会的に重要と考えていた。しかし、社会的関心は、本問題よりも筆者による登録商標『五輪』異議申立の方が遥かに高かった。

　社会一般にとっては、登録商標のライセンスは当事者だけが関係し専門家が取り扱う縁遠い話題であるのに対して[(410)]、『五輪』は、長年に亘るメディア・文化活動を介して、まさに我国で公有のものと化し、極めて身近な話題であったことを今さらながら再認識した。

（**2-2**）本問題が、一定の社会的関心以上の大きな広がりになっていないのは、以下の理由によると考えられる。

（**2-2-1**）小川敏夫参議院議員に続く国会質疑が一切なされないまま、改正商標法が各院全員一致で成立・施行され[(410)]、結果として、IOCファミリーによるライセンス活動の一部（通常使用権の許諾）は、施行後に権利化される商標法４条２項が適用された商標権については合法化された。

（**2-2-2**）東京新聞以外のマスメディアが本問題を一切報道しない[(411)]。

（**2-2-3**）筆者以外の商標制度の専門家(弁理士・弁護士・日本弁理士会・

401　推定無罪原則の下では「違法ライセンス疑惑」とすべきだが、違法ライセンス疑惑の指摘は一切否定されておらず、違法の蓋然性が極めて高いので、本論考では「違法ライセンス問題」と表現する。

402　柴大介「公益性の観点からみた東京オリンピックのロゴ等の知財管理（オリンピック知財のライセンス活動の商標上の位置づけ）」パテント72巻３月号114－125頁（2019）

407　2019年４月21付Open Letter（https://drive.google.com/file/d/1-b762Myg4849WtZ1tm4fDfy_G5fuvVr6/view?usp=sharing）

408　改正法案は、2018年12月27日突然開催された第４回商標制度小委員会、2019年３月１日閣議決定を経て、第198回国会で2019年４月16日衆議院で可決、2019年５月９日参議院で可決、2019年５月27日施行（議案審議経過情報（http://www.shugiin.go.jp/internet/itdb_gian.nsf/html/gian/keika/1DCBB6E.htm））。

409　2018年７月５日付北海道新聞「IOC「五輪」を商標出願」

410　改正法案の審議に関係する（社会一般の人とはいえない）国会議員が、専門家が取り扱うものと（社会一般の人と同様に）認識して本問題に向き合おうとしていないように見えるが、法治を必須の柱とする民主主義の下での国会議員の認識とは到底思えず、筆者には理解し難い。

日本弁護士連合会・日本商標協会等）からの言及がないに等しい⁽⁴¹²⁾。

③ 本論考の目的

本問題について、当事者であるIOCファミリーと上記関係者が真剣に向き合わない状況が続けば、現に違法が疑われる商品・サービスが我国で蔓延し、既に崩壊している我国の商標制度にさらに大きな癒しがたい傷が残るだろう。

筆者は、関係する商標法の枠組が極めてシンプルであり⁽⁴¹³⁾、当初は関係者に悪意があったわけではなく⁽⁴¹⁴⁾、2020年東京大会がかろうじて我国の国民に支持されていることに鑑みれば、知的財産制度を基礎とする知財コンサルティングの範囲で、本問題の解決策を提示できると考える。

本論考は、本問題の解決策を知財コンサルティングの観点から可能な限りテクニカルに論じ、当事者及び関係者が少しでも本問題に向き合うことを促したい。

Ⅱ．背景の整理

① 法的枠組

以下では、

「公益に関する団体であつて営利を目的としないもの」を「非営利公益団体」、

「公益に関する事業であつて営利を目的としないもの」を「非営利公益事業」、

商標法4条2項が適用された登録商標を「公益著名商標」と略記する。

411　東京新聞以外の我国の主要大手新聞社は、スポンサー企業として本問題の当事者であるのだから、むしろ自己を取材対象にするくらいのジャーナリストとしての矜持をもつべきと考える。

412　自らが拠って立つ商標制度が崩壊している現状に対して、傍観者ではありえないのではないか。

413　煎じ詰めれば、商標法4条2項及び旧商標法31条1項但書だけで本問題の法的側面は説明し尽くせる。

414　当初から悪意で違法行為をしたとなれば看過し難い犯罪であるが、関係者の社会的ステータスを考慮すれば、そこまでの悪意はないと筆者は好意的に考えている。

（1）登録優遇条項

　非営利公益団体又は非営利公益事業を表示する標章と同一・類似の商標は、非営利公益団体又は非営利公益事業者だけが商標登録を受け得る（商標法 4 条 1 項 6 号及び 2 項）。

（2）譲渡禁止条項

　公益著名商標に係る商標権は譲渡（特定承継）できず、事業と共にしか移転（一般承継）できない（商標法24条の 2 第 2 項及び 3 項）。

（3）ライセンス禁止条項

　公益著名商標は専用使用権の設定及び通常使用権の許諾ができない（商標法30条 1 項但書及び旧商標法31条 1 項但書）。

（4）刑罰

　譲渡禁止条項及びライセンス禁止条項に反する契約は無効であり（民法90条）、無効の契約に基づいて公益著名商標を使用した者は、公益著名商標に係る商標権を侵害することになり（商標法25条）、商標権侵害罪に問われることになる（商標法78条）。

　さらに、ライセンサーが悪意でした無効の契約のライセンシーから、ライセンス料を受け取る行為は詐欺罪（刑法246条）に問われ、ライセンサーとライセンシーの両者が違法ライセンスであることを知りながら双方の利益のために金銭授受をすればいわゆる組織犯罪処罰法に基づく共謀罪に問われ得る。

② IOCファミリーの権利化戦略及びライセンス活動の法的位置付け

（1）IOCファミリーの公益著名商標

　多くのオリンピック商標は、以下の理由から公益著名商標である：

（1-1）IOCファミリーのいずれかの団体が出願した査定審決時に著名であった商標である；

（1-2）商標審査基準改訂第12版によれば、IOCファミリーのいずれの団体も非営利公益団体で、IOCが行うオリンピック競技大会は非営利公益事業である。

（2）オリンピック関連商標の権利化戦略

IOCファミリーは、公益著名商標の指定商品・役務の全45区分を指定し、各区分に夥しい数の商品・役務を記載している場合が多く[415]、我国の産業分野のほぼ全てを公益著名商標の範囲とする権利化戦略を採用している。

即ち、IOCファミリーの多くの公益著名商標を、我国の多くの産業分野で、商標権者であるIOCファミリー以外の何人も使用できないようにして、アンブッシュ・マーケティング[416]対策を万全にしようとしている。

（3）IOCファミリーの公益著名商標の無効疑惑

（3-1）2020年東京大会に関するIOCファミリーの公益著名商標は、商標法４条１項６号によれば、非営利公益事業者たるIOCが行う非営利公益事業「オリンピック競技大会」（又は（ピクトグラムのような）大会の部分）を表示する商標なので、IOCだけしか商標権者になれないはずであるが、実際には、組織委員会が登録時点で商標権者である公益著名商標が多くある。

（3-2）IOCは大会運営を東京都・JOCに委任し、

東京都・JOCはさらに組織委員会を共同設立して大会の実施を代行させているので（開催都市契約１条）、

組織委員会は大会を行う者（主催者）ではなく、単なるエージェンシーに過ぎない。

従って、組織委員会が商標権者である多くの公益著名商標は商標法４条２項が適用されず、商標法４条１項６号に該当して無効である蓋然性が高い[417]（商標法46条１項１号）。

415　柴大介ブログ「東京オリンピック関連の出願・登録商標一覧（2018年５月）」（http://patent-japan-article.sblo.jp/article/183219267.html）

416　「オリンピックの公式スポンサーではないが、公式スポンサーのような印象を消費者に与えるマーケティング」（青木博通「オリンピックと商標」パテント71巻１号30頁（2018））と言われるIOCが独自基準で認定するマーケティングをいい、、公式スポンサー企業の利益を守るために、当該マーケティングの実施者に対してオリンピック商標に係る商標権を行使することが対策の中核とされる（大会ブランド保護基準[S205]）。

（4）譲渡禁止条項違反

　IOCとJOC・組織委員会は委任・エージェンシーの関係にあり、一般承継の関係になく、組織委員会はIOCファミリー内での商標権の移転を公言し[418][419]、実際に商標権者の変更もされているので[415]、組織委員会は多くの移転された公益著名商標に係る商標権に対してライセンス権原を有しない筈である。

（5）違法ライセンス問題

（5-1）IOCファミリーは公益著名商標をスポンサー企業・東京都等（以下「スポンサー企業等」）にライセンスして、スポンサー企業からは4,000億円に迫る協賛金をライセンス料として受けていることをホームページ・報道等で公表しており、譲渡禁止条項違反に加えてライセンス禁止条項違反の蓋然性が極めて高いライセンス活動を長期間公然と行ってきた[420]。

（5-2）本問題は、ライセンス契約の内容に基づかなくとも、スポンサー企業

417　例えば、外国営利企業によるブランド商品販売事業を示す商標について、我国のエージェンシーが我国で商標権者になることは可能であるが、外国非営利企業による非営利公益事業を示す商標について、我国のエージェンシーが商標権者になることを禁じているのが商標法4条1項6号及び2項である。
　　　オリンピック競技大会はあくまでIOCの行う事業であって、単に委任されているだけのJOCの行う事業でもない。実際、登録商標『オリンピック』（商標登録第3275674号）は、当初JOCが出願したが、商標法4条1項6号違反が通知されたため、JOCがIOCに出願を譲渡してIOCが商標権者となっている。
　　　仮に、JOC又は組織委員会がオリンピック競技大会を行う者としてオリンピック競技大会を示す商標の商標権者になったのだとすれば、商標権をIOCに事業ごと一般承継するしかないが（商標法24条の2第3項）、開催都市契約はそのような承継は前提としていない。
418　組織委員会HP「スポンサーシップについて」（https://tokyo2020.org/jp/organising-committee/marketing/sponsorship/）
419　「東京2020組織委員会インタビュー」パテント71巻1月号18、21-22頁（2018）
420　国会質疑では、「JOC等による大会エンブレム等の使用許諾は商標法31条1項但書に反し違法ではないか」との小川議員の質問に対して、白須賀内閣府大臣政務官と十時官房内閣審議官は違法性を否定できず、米村特許庁総務部長は違法性を認めたと解される（403）。米村氏の発言は、特許庁による改正法施行後の表明「本改正により、…公益著名商標…に係る商標権について、通常使用権の許諾が可能となります。」（裏を返せば、改正法施行前の公益著名商標に係る商標権について通常使用権は許諾できなかった（許諾すればそれは違法である）ことの表明である）と矛盾しない特許庁の一貫した見解であるといえる（特許庁HP（https://www.jpo.go.jp/system/trademark/gaiyo/seidogaiyo/koeki_chomei.html）。

等がIOCファミリーの公益著名商標を公然と使用している事実[421]に基づき違法性を以下のように論理的に考えることができる。

　ライセンス禁止条項によれば、公益著名商標の使用者は、我国には商標権者以外には存在しない筈であるから、商標権者以外の当該使用者は、違法ライセンスの下で使用しているか、無断使用しているかのどちらかであり、スポンサー企業等が世界的又は我国の代表的企業若しくは我国の首都庁であることに鑑みれば、後者であることは考えられないからである。

（5-3）本問題からサブライセンス違反疑惑も派生している可能性がある。

　（5-3-1）大会エンブレムは組織委員会から東京都に使用許諾され、その使用許諾に基づき東京都が各区市町村に使用許諾しており[422]、東京都は大会エンブレムを各区市町村にサブライセンスしているように見える（実際、大会エンブレムが描かれた新宿区の広報誌が定期的に新宿区民たる筆者に届いている）。

　（5-3-2）改正法施行前から、オリンピックシンボルを車体に付した多くのタクシーが走行している。オリンピックシンボルは、IOCが直接ライセ

421　商標法改正前から、大会エンブレムを付したタクシーの走行、スポンサー企業のオリンピック関連CMの放映、マスコットキャラクター付郵便はがきの販売、大会エンブレムが描かれた東京都の広報誌配布等が公然となされ、これらに関する記事が掲載された新聞が各地の公立図書館に保管されている。

422　東京都オリンピック・パラリンピック等推進対策特別委員会2018年5月25日資料「大会エンブレム使用申請の流れについて」（https://www.2020games.metro.tokyo.jp/ae952c27a35a80f44be88936bb80e062.pdf）

ンス契約したワールドワイドパートナーだけしか使用できない登録商標なので⁽⁴²³⁾⁽⁴²⁴⁾、当該ワールドワイドパートナーは当該タクシー会社にオリンピックシンボルをサブライセンスしているようにみえる。

（5-3-3）適法な通常使用権者であっても、その通常使用権について他人に通常使用権を許諾（サブライセンス）することができないので、サブライセンスは商標法上違法であり、サブライセンシーを商標権侵害罪の状態に置いてしまう。

③ 関係者との合意

東京新聞は組織委員会に商標法違反の指摘に対して問い合わせ⁽⁴⁰⁴⁾、その後、組織委員会から「オリンピック・パラリンピックに関する商標を、関係当事者との合意などに基づいて適切に活用している」との回答を得た⁽⁴⁰⁶⁾。

パテント誌の読者は、ライセンス禁止条項に違反するライセンス契約が「関係者との合意」に基づいて適切（合法的）に活用などできる筈がないことは十分にご承知だと思うが、組織委員会はそうは考えないのである。

組織委員会が説明する「関係者との合意」が一体何を意味するかを検討しておく。

（1）政府保証

最も基本的な「関係者との合意」として、日本国政府によるIOCに対する政府保証が挙げられる。

オリンピック開催立候補都市は、IOCからの種々要請に従うことを約した政府保証を含む立候補ファイル^{(425)(S203)}の提出が義務付けられている。

423　2016年8月10日付msn（マイクロソフトニュース）

424　JPNTAXI（ジャパンタクシー）のオリンピックラッピングについて（https://minkara.carview.co.jp/userid/1680537/blog/41066704/、https://cdn.snsimg.carview.co.jp/minkara/userstorage/000/042/046/549/cda949e316.jpg?ct=5d6a5f3b0558）

404　2019年3月28日付東京新聞「こちら特報部」（https://www.tokyo-np.co.jp/article/tokuho/list/CK2019032802000180.htm）

406　2019年4月14日付東京新聞「こちら特報部」

大阪市が森政権時の2008年夏季大会、東京都が麻生政権時の2016年及び野田政権時の2020年夏季大会招致の際に政府保証を提出している。

関係する政府保証としては以下の４つが挙げられる（どの招致時も同様であるので、2020年東京大会招致時の政府保証[426][427]について説明する）。

（１-１）憲章を遵守する旨の誓約書（内閣官房（内閣総理大臣））

内閣総理大臣は、権利資産規則（憲章規則7.4）に記載されるIOCのライセンスビジネス「オリンピック資産に関するすべての権利、また、その使用についてのすべての権利は、…独占的にIOCに帰属する。IOCはそのような権利の全体または一部について、…ライセンス使用権を与える」ことを2020年東京大会でできることを保証したことになる。

（１-２）オリンピック・マーク等の法的保護・不正競争防止（経済産業省）

立候補ファイルで、東京都は当該事項が我国の既存の知的財産制度で十分に保証されていると説明する（公益著名商標が排他的に登録され、関連法で差止請求権が担保されている限りにおいて正しい）。

（１-３）国内・国外における義務との抵触性

立候補ファイル4.5では、

IOCの要請「貴国を拘束する国内的…な義務（例：国内法…の規則及び要求事項）のうち、…立候補都市、NOC及び大会組織委員会の義務…と抵触するものによっていかなる影響を受けるか明らかにしてください」に対して、

東京都は「日本の国内法…に基づく義務は…オリンピック憲章及び開催都市契約に基づく立候補都市、NOC及び大会組織委員会の義務と抵触することはない。したがって、開催都市契約及びオリンピック憲章の条項は、遵守さ

425　組織委員会HP「大会計画」（https://tokyo2020.org/jp/games/plan/）
426　東京都「2020年東京オリンピック・パラリンピック競技大会招致活動報告書」50－51頁（https://www.2020games.metro.tokyo.jp/taikaijyunbi/torikumi/syochi/pdf/syochihokokusyoall.pdf）
427　立候補ファイル4.1〜4.5（https://tokyo2020.org/jp/games/plan/data/candidatesection-4-JP.pdf）及び7.3（https://tokyo2020.org/jp/games/plan/data/candidatesection-7-JP.pdf）に対応する。

れる」と明確に回答しており、政府はこれを保証したことになる。

（1-4）アンブッシュ・マーケティング対策

　　立候補ファイル7.3.1では、IOCの要請「アンブッシュ・マーケティングの効果的削減と制裁…に必要となる法規制…ができる限り早く、かつ2018年1月1日までに成立することを確約する政府の…保証書を提出してください」に対して、東京都は当該事項が我国の既存の知的財産制度で十分に保証されていると説明する（2018年1月1日までに特段の対応をしなかった安倍政権が当該事項の最終保証者となる）。

（2）商品化権

（2-1）小川参敏夫参議院議員による国会質疑で、十時内閣官房内閣審議官が「内閣官房…は…著作権法あるいは民法に基づいて適切に契約を行っているということで…特段の問題はないものと…考えている」という、商標法違反行為が、何故著作権法・民法の契約によって問題にならないことになるか全く理解できない国会答弁をしている[403]。

　　この国会答弁の内容は、以下の組織委員会のマーケティング戦略に対応すると考えられる。

（2-2）組織委員会は「東京2020マーケティングでは、日本オリンピック委員会（JOC）のマーケティング資産（ロゴや呼称等）の使用権を東京2020に移管し、2020年東京大会の権利と共に販売します」と説明し、主な権利内容として、

　　呼称の使用権；マーク類の使用権；商品／サービスのサプライ権；

　　大会関連グッズ等のプレミアム利用権；

　　大会会場におけるプロモーション；

　　関連素材（映像・写真等）の使用権を挙げている[428]。

403　第198回国会参議院法務委員会会議録第4号6－8頁（https://kokkai.ndl.go.jp/SENTAKU/sangiin/198/0003/19803200003004.pdf）

428　牛木理一「商品化権と知的財産権の関係―抱える課題と対策―」知財管理2008年4月号（http://www.u－pat.com/body1-31.pdf）

（2-3）「使用」「使用権」は商標法で定義された法律用語であるが、商標法ではサプライ権、プレミアム利用権、プロモーション、関連素材の使用権まで包含しておらず、「使用権を販売」という言い方もしない（ちなみに著作権法では「使用」ではなく「利用」が使われる）。

　知的財産制度の観点からは理解し難い政府の国会答弁の「適切に契約」や組織委員会の「使用権を販売」の説明は、いわゆる「商品化権」に基づきマーケティング資産の「使用権」を「適切に契約」していることを意味すると考えれば理解し易い。

（2-4）「商品化権」とはもともとキャラクターを活用したマーケティングに対して概念され、「商品の販売やサービスの提供の促進のためにキャラクターを媒体として利用する権利」[428] と定義され、その後、「キャラクター」がスポーツイベント等における様々なイメージ要素を包含するように概念拡張されてきた。

（2-5）オリンピック資産のうち、視覚的要素（キャラクター・映像・写真等）及び記号的要素（マーク・ロゴ等）は、著作権法・商標法・意匠法・不競法等の知的財産権に関連して保護されると理解できるが、実在的要素（商品・サービス・グッズ等）は民法（名称や肖像の権利を侵害する不法行為に関する規定）と関連して保護されうることになる[428]。

　一方、IOCファミリーは、サプライ権、プレミアム権、プロモーションのような実定法に根拠を有しない、契約の当事者間でしか通用しない権利概念の下で、これらのイメージ要素の使用・譲渡等の権利関係を主張している。

　しかし、当該権利概念を商標権等の当事者間の合意ではで律しきれない実定法概念と区別しないまま運用するため[429]、登録商標のライセンスの法的根拠を問われると「著作権法・民法に基づく」「関係者の合意に基づく」等の第三者には理解し難い説明をせざるをえないということになる。

429　「当事者間でだけ通用する権利関係」が、当事者間で律しきれない法律関係を含まないように十分に留意して合意すべきだと言っているのである。

（2-6）筆者は、アンブッシュ・マーケティング対策について、我国の知的財産権を根拠に正当性が肯定できる場合と他の根拠によると考えられ正当性がよく理解できない場合があると指摘してきたが[430]、後者の「他の根拠」が「商品化権」であると考えると理解し易く、組織委員会による契約当事者間でしか通用しない「商品化権」に基づく第三者に対する差止警告の法的正当性がよく理解できないのは当然であるということになる。

（3）有識者会議

（3-1）本問題は、改訂商標審査基準と改正商標法に関する有識者会議において、客観的に討議しうる機会が複数回あった。

　　商標法 4 条 1 項 6 号の商標審査基準の改訂（改訂第12版）が、産業構造審議会知的財産分科会商標制度小委員会（以下「商標制度小委員会」）の第11・12回（平成27年 7 月 9 日・ 9 月17日）商標審査基準ワーキンググループ（以下「商標審査基準WG」）で、旧商標法31条 1 項柱書を削除する改正法案が第 4 回（平成30年12月27日）商標制度小委員会で集中的に議論されたのである。

（3-2）商標法 4 条 1 項 6 号の登録要件と、譲渡禁止条項及びライセンス禁止条項は、商標法 4 条 2 項を介して直結しているので、商標法 4 条 1 項 6 号と譲渡禁止条項及びライセンス禁止条項とを常に関係づけて議論する必要があることは、商標制度の専門家を代表する有識者であれば[431]当然に考慮すべきことである。

　　どちらの有識者会議も、そのような考慮はなく、進行する公益毀損そのも

430　柴大介「公益性の観点からみた東京オリンピックのロゴ等の知財管理」パテント69巻 6 月号61-73頁（2016）（https://system.jpaa.or.jp/patents_files_old/201606/jpaapatent201606_061-073.pdf）

431　商標法 4 条 1 項 6 号が集中的に論議された第11・12回商標審査基準WGと第 4 回商標制度小委員会の有識者委員には 2 人の委員（弁理士と弁護士）が重複して所属しており、東京地裁判事及び我国の知的財産法の権威といわれる学者も含まれ、本問題を十分に語る見識を有する筈の第 4 回商標制度小委員会が、現に商標制度が崩壊している最中で「五輪は念頭にない」ということだったのであれば、我国の知的財産制度を支える専門家への信頼は決定的に失われよう。

のであるオリンピック商標の違法ライセンス問題に一切触れることなく、公益保護をベースに議論するという異常な討議だったのである。

　具体的には、第11・12回商標審査基準WGでは、オリンピック関連出願を商標法4条2項に該当して円滑に登録できるように商標審査基準を改定し[432]、第4回商標制度小委員会では、結果的にIOCファミリーのライセンス活動を一部合法化しうる改正法案について「五輪は念頭にない」[405]状態で、本問題に一切触れることなく、有識者によって合意・了承された[433]。

（3-3）本問題を一切語ることをしなかった上記有識者が合意した方向性が、本問題においてIOCファミリーを身動きできない状況に至らしめた大きな原因の一つであることに鑑みれば、上記有識者の責任は極めて重大である。

Ⅲ．本問題の解決策

① 知財戦略と知財コンサルティング

　企業が競合他社の知財戦略に抑え込まると、事業が立ち行かなくなり、事業解散、最悪の場合は企業倒産に至ることも珍しくない。

　知財戦略を1歩間違えると大きな代償を負いかねず、その恐ろしさは経験し

432　商標法4条1項6号の商標審査基準は、改訂第11版までわずか3行だったのが、改訂第12版では2頁以上となり、以下の取扱いが補強された結果、IOCファミリーの出願商標は「非営利公益性」「類否判断」等の登録要件を満たすことが商標審査基準上明白となり審査の円滑化が促進された。
　①非営利公益団体としてJOC、IOC等が、非営利公益事業としてオリンピック等が例示された。
　②「表示する標章」に「正式名称のみならず、略称、俗称、シンボルマークその他需要者に国等を想起させる表示」を含め、「IOC」「JOC」「オリンピック」「OLYMPIC」、その俗称としての「『五輪』の文字」、そのシンボルマークとしての「五輪を表した図形（オリンピックシンボル）」を例示した。
405　2019年4月12日付東京新聞第1面（https://www.tokyonp.co.jp/article/national/list/201904/CK2019041202000159.html）
433　第4回商標制度小委員会議事録（https://www.jpo.go.jp/resources/shingikai/sangyo-kouzou/shousai/shohyo_shoi/document/index/t_mark_gijiroku04new.pdf）

ないとわからないので厄介である。

　しかし、一方で、たとえ絶望的な状況に陥ったとしても、その企業が問題に向き合って、知的財産制度の本質に沿った対策を進めることで、問題の解決策を見出すことも珍しくない。

　筆者は、企業勤務の頃に、競合他社の強力な知財戦略に抑え込まれた苦境を、自社の知財戦略を練り直して脱出した経験をきっかけに弁理士資格をとってこの道に入った[434]。

　筆者は、それ以来、同様の苦境に陥った顧客をサポートしているが、顧客が問題に向き合って、知的財産制度の本質に沿った対策を進めることが、顧客の被害を最小限に抑え、問題を効率よく解決できる最良の解決策であることを今でも確信している[435]。

　当事者であるIOCファミリーが本問題から逃げずに向き合えば、本問題も必ず解決策を見出すことができる筈である。

　幸いなことに、IOCファミリーのライセンス活動は透明性が高く、ほとんどの情報がネット経由で入手でき、筆者がIOCファミリーと直接面談しなくても、一定の知財コンサルティングが可能である。

2 本問題の原因の分析

（1）権利化戦略の致命的ミス

　IOCファミリーは、我国の商標制度を利用して、自己の商標を公益著名商標として幅広い産業分野を指定して権利化する戦略を採用した結果、ライセンス禁止条項の下で、幅広い産業分野でライセンス活動が違法となる状況を自ら招いたといえる。

434　柴大介「小説「男たちの特許戦争」より製法特許と製剤特許をめぐる特許攻防25年史」パテント65巻 6 月号52－73頁（2012）（https://system.jpaa.or.jp/patents_files_old/201211/jpaapatent201211_052-073.pdf）
435　第三者格付け委員会の久保利英明弁護士も、第三者委員会が介入して立ち直らせた企業の実例を紹介して全く同様の趣旨のお話をされている（https://www.youtube.com/watch?v=15eUZg1HR0w）

　IOCファミリーは、弁護士・弁理士を多数抱える我国有数の大事務所を法律顧問・出願代理人として抱えており、さらに組織委員会の法務部長は弁護士であり[419]、権利化戦略に対して適切なアドバイスを受けられた筈であるが、このような権利化戦略を採用したことは致命的であり不幸なことであった。

（2）関係者との合意への過度の依存

　IOCファミリーは、取引の当事者間の合意だけで通用する権利関係で全ての経済行為が許容されると考えているようである。

　IOCファミリーがオリンピック資産についてライセンスビジネスを推進しようとすれば、オリンピック資産が利益を生むシステムの中核に知的財産制度が組み込まれている以上、知的財産制度に沿った合法性を担保しなければならないことは当然である。

　実際、同じ非営利公益団体である大学法人・NPO法人は、特許庁及び関係する弁理士・弁護士の指導・協力の下で、公益著名商標にならないような権利化戦略を採用して譲渡禁止条項及びライセンス禁止条項を回避したライセンス活動を慎重に進めている[436][437]。

　IOCファミリーは、ライセンス活動の合法性を担保するために、大学法人・NPO法人と組んで譲渡禁止条項及びライセンス禁止条項の撤廃を政府に陳情する（善良な市民の常識的活動であり非営利公益団体に相応しい）活動をもっと早くからしていれば良かったともいえる（前述した商標審査基準の改訂が自己の利益と相反しないかについて独自の見解をもち、有識者会議にIOCファミリーの見解を堂々と反映させる努力もすべきであったろう）。

（3）知財管理能力の欠如

　（3-1）IOCファミリーの最高責任者たるIOCは、2020年東京大会におけるオリンピック資産の活用（権利化・ライセンス）実務については、開催都市

436　宮川元「特許庁特技懇誌」285号（http://www.tokugikon.jp/gikonshi/285/285kiko2.pdf）
437　富岡英次「早稲田大学知的財産法制研究所［RCLIP］」（https://rclip.jp/2018/01/25/201802column/）

契約（41～43条）の下で、組織委員会に全てお任せ状態であると考えられる[438]（開催都市契約41～43条）。

（3-2）しかし、組織委員会は、自らのライセンス活動を譲渡禁止条項及びライセンス禁止条項で縛ってしまうような商標の権利化戦略を採用し、その結果、（好意的にみれば）知らないで違法性が疑われるライセンス活動を行い、その違法性を問われると、

「組織委員会の方からは、…現行法に沿って適切に契約されているという報告を受けている」（十時内閣官房内閣審議官の国会答弁[403]）

「関係当事者との合意などに基づいて適切に活用している」（東京新聞の取材に対する組織委員会の回答[406]）等の法律顧問・法務部長がチェックしているとは思えない無防備な回答を公に発信し続けている。

（3-3）さらに、オリンピック商標の違法ライセンス問題の当事者であるIOCファミリーが、スポンサー企業等の利益を守るために、オリンピック商標に係る商標権に基づきアンブッシュ・マーケティング対策を行うこと自体、端から見ればナンセンスと言うしかない[439]。

（3-4）即ち、IOCファミリーは、オリンピック商標のライセンス活動を含む知財管理について、責任の主体が曖昧で、知財戦略の合法性を担保しようとする意志が薄弱であり、ガバナンス・コンプライアンスの観点から知財管理能力が欠如していると言わざるを得ない[440]。

438　実際、IOCは、での出願に対する北海道新聞の取材に対して、「東京五輪・パラリンピック組織委員会に問い合わせて欲しい」と回答し、登録商標の異議申立に対する東京新聞のコメント要請に対して回答していない[409]。

439　アンブッシュ・マーケティング対策がIOCの当然の権利であることを前提にする論文等が今だ散見されるが（例えば、足立勝「周知・著名商標に対するアンブッシュ・マーケティング」別冊パテント第21号2019年3月31）、論考の説得力が問われよう。

440　第三者委員会報告書格付け委員会「公益財団法人日本オリンピック委員会調査チームが2016年8月31日付けで公表した「調査報告書」2017年2月20日（http://www.ratingtpcr.net/wp-content/uploads/d3b65dee2e78e039e15f2f032ad7b826.pdf）：JOC調査チームの問題の取組みに対して最低ランクの評価がされている。

（4）政府保証のミスリード

しかしながら、権利資産規則（憲章規則7.4）を含む憲章を遵守し、オリンピック資産の保護は既存国内法で万全になされているとの政府保証をIOCが受けていることに鑑みれば、IOCが我国で安心してオリンピック商標に係る商標権を組織委員会に譲渡し、オリンピック商標のライセンス活動ができるだろうと期待することは無理からぬことである。

従って、これらが商標法で禁じられていることを知ったIOCが、政府保証の不履行であると政府に迫ることは不当ではなく、その結果、IOCが2020年東京大会を中止し（開催都市契約66条ⅳ）、政府に巨額の損害賠償請求をしても政府は文句を言える立場にないといえる。

本問題に関連した法的側面につき安易に政府保証した政府には重大な責任がある。

（5）商標審査基準のミスリード

商標審査基準（改訂第12版）は、IOCを非営利公益団体であると認定し続けているが、その認定は当のIOCにとって良いことだったのか、について論じる。

（5-1）商標法4条1項6号が想定する非営利公益団体 [441]

1960年に制定された商標法4条1項6号が予定する非営利公益団体（以下「4条1項6号非営利公益団体」）は、おそらくは当時の山のように存在する小規模又は単一営業目的の政府・公共事業系公益法人であり、近年の世界規模のライセンスビジネスをするIOCのような団体は想定しておらず、政府の国会答弁で改正商標法は「五輪は念頭にない」としたことから [405]、今でも小規模な大学・NPO法人等が主に想定されていると考えざるをえない。

IOCは、1980年代から世界規模で商業主義（営利目的）としかみえないライセンスビジネスを展開しており [442]、4条1項6号非営利公益法人でないだけでなく、今や社会通念上も、IOCが純然たる非営利公益団体であり、

441　ここでの考察に基づく解決策は、友利昂氏が指摘した「営利と公益性」[404] の矛盾をテクニカルに解決する試みでもある。

442　小川勝「オリンピックと商業主義」198頁（集英社新書）

600万円を超えるチケットを販売する[443]オリンピック競技大会が純然たる非営利公益事業であるというには無理があろう。

　商標審査基準が4条1項6号非営利公益法人から乖離した活動をするIOCを4条1項6号非営利公益団体と認定し続けているために、IOCファミリーは、ライセンス禁止条項を回避する権利化戦略を立てることが出来なくなっているともいえる。

（5-2）知財管理能力と譲渡禁止条項及びライセンス禁止条項の意義

　公益著名商標に対して何故譲渡禁止条項及びライセンス禁止条項があるのかは、4条1項6号非営利公益法人の知財管理能力と密接に関係していると考えられる。

　（5-2-1）4条1項6号非営利公益団体は営利目的の商業的活動をしない筈なので、公益著名商標は、商業的な商品・サービスに関する信用ではなく、公益活動に対する社会的な信用が厚く蓄積して権威や国際信義の源になっている。

　従って、公益著名商標をみだりに営利目的事業に使われると、蓄積した厚い信用が毀損され取り返しがつかなくなるおそれがある。

　（5-2-2）一方、知的財産権を他人にライセンスするというのは、言うは易いが実際には結構な管理コストを要する。

　ライセンス料の適正な支払を管理するため、商標権者はライセンシーの事業状況を正確に把握しなければならず、ライセンシーによる違法な営利活動や会計が発覚しただけで公益著名商標に蓄積された信用は大きく毀損される。

　4条1項6号非営利公益団体は民間営利企業のように相応のコストをかけた知財管理など到底覚束ないため、例えば、大学・NPO法人は、特許庁の指導を受けながら、ライセンス禁止条項に抵触しないように、いろいろな工夫をしているのである[444]。

443　FNN PRIME（https://www.fnn.jp/posts/00422079CX/201908080111_CX_CX）

（5-2-3）かかる実状を踏まえ、商標法は知財管理能力の乏しい4条1項6号非営利公益団体の社会的信用が毀損されないように譲渡禁止条項及びライセンス禁止条項を設ける一方で、4条1項6号非営利公益法人にだけ公益著名商標に係る商標権を付与する登録優遇条項を設けたといえる⁽⁴⁴⁵⁾。

（5-2-4）本問題では、IOCファミリーの知財管理能力は、譲渡禁止条項及びライセンス禁止条項をよく理解して苦労する大学・NPO法人に比べて驚くほど低いと言わざるをえず、知財管理能力の乏しい4条1項6号非営利公益団体が違法ライセンスを平然と行うことを未然に防ぐという商標法の譲渡禁止条項及びライセンス禁止条項の趣旨がかえって鮮明になったといえる。

（6）法律不遡及の原則の壁

改正商標法は、施行前の旧法下で権利化された商標権に遡及適用されないと考えられる。

刑事法改正の効果は、憲法39条により絶対的に遡及しない。

民事法改正の効果は、裁判実務と法学研究の蓄積により、手続法改正では原則遡及し、実体法改正では原則遡及しないとされ、例えば、手続法改正で遡及しない場合は「…はなお従前の例による」、実体法改正で遡及する場合は「…についても本法を適用する」等の経過規定が置かれるとされる⁽⁴⁴⁶⁾。

改正商標法は、通常使用権の許諾に関するライセンス禁止条項（商標法30条1項但書）を削除する実体法改正に基づいており、経過規定は、手続部分である商標法68条の28第1項の一部について「なお従前の例による」とされている以外は置かれていない。

従って、改正商標法は、施行前に設定された商標権及びその派生的権利には遡及適用されず、施行前の違法ライセンスとその派生効果が解消しないため、施行前に主要なオリンピック商標が登録されていることに鑑みれば、ライセンス禁止条項を一部削除する法改正をしても、本問題は実質的に何も解

444　米村特許庁総務部長の国会答弁⁽⁴⁰³⁾。
445　公益著名商標に、譲渡禁止条項及びライセンス禁止条項が課せられている理由は終章で詳説する。

決しないということになる。

③ 本問題の直接的解決策

（1）商標権侵害を指摘された場合になすべきこと

　本問題がこれ以上拡大しないようにするために、商標権侵害を指摘された者が通常行うように、IOCファミリーは、スポンサー企業等が公益著名商標に係る商標権侵害の状態になる原因となるライセンス活動を即刻停止するべきである。

（2）三方一両損

　これだけの大規模な違法ライセンス問題を引き起こしたからには、当事者を含む関係者が全くの無傷のまま本問題を解決することなどありえず、最小限のダメージになるように関係者が努力して三方一両損になれば良いくらいに考えるべきである。

　そこで、IOCファミリー、スポンサー企業等、特許庁を想定して、商標権侵害罪状態にあるスポンサー企業等を救済するために以下の解決策を検討した。

（3）ワールドワイドパートナーの救済

　（3-1）IOCは直接契約するワールドワイドパートナーに、最上位のオリンピック資産であるオリンピックシンボルを世界中で使用できるようにしてい

446　齋藤健一郎「遡及立法における経過規定の解釈問題」商学討究232～234、268頁（2017）
　　　特許庁も、職務発明制度改正前の対価請求権について
　　　「特許権及びその派生的権利は、財産権として憲法29条の保障の下にあり、財産権の制度的保障の内容には…遡及禁止が含まれると解される。…特許制度は産業の振興を目的とする人為的制度であり、その目的を達成するために具体的な制度内容の変更にも政策的な柔軟性があると最大限理解するとしても、現行の判例が特許制度の政策目的に明確に反しているとまでは言えず、既に発生した対価請求権を制限する理由として十分なものとなりうるかは疑問がある」
　　　との見解を提示している（平成15年6月3日の第9回特許制度小委員会配布資料4「特許法第35条を仮に改正する場合の遡及効について」（https://www.jpo.go.jp/resources/shingikai/sangyo-kouzou/shousai/tokkyo_shoi/document/seisakubukai-09-shiryou/paper04.pdf））。
　　　改正商標法が遡及適用されなければならないほど、旧商標法31条1項柱書が商標制度の政策目的に明確に反しているとは言えないだろう。

る。

　オリンピックシンボルのブランド価値を棄損させずに、ワールドワイド
パートナーの我国での商標権侵害罪状態を救済することを検討する。

（3-2）まず、特許庁に一両損してもらい、商標審査基準を改訂して「IOC
は４条１項６号非営利公益団体ではなく、オリンピック競技大会は４条１項
６号非営利公益事業ではない」とし、一定の過去まで遡及して適用するので
ある。

　商標審査基準は特許庁の運用指針にすぎず法的拘束力はないので、上記改
訂により、IOCが当初から出願人であった登録商標は、法改正前において登
録優遇条項及びライセンス禁止条項が適用されず、IOCファミリーのライセ
ンス活動は合法だったことになる。

　以下を考慮すれば、この救済策で、少なくともIOCが当初から出願人で
あったオリンピックシンボルを含む登録商標とワールドワイドパートナーは
特段の問題なく救済できる。

（3-2-1）IOCが当初から出願人であった登録商標は、審査において商標
　　　　法４条２項が適用されたか否かの記録はなく、他の拒絶理由通知は解消し
　　　　て登録査定されているので、過去の審査経過に影響がない。

（3-2-2）IOCが当初から出願人であった商標は国際的に著名であるか
　　　　ら、仮に第三者が出願したとしても、商標法４条１項10号等が適用され登
　　　　録査定されることはなかった。

（3-2-3）IOCが４条１項６号非営利公益団体ではなく、オリンピック競
　　　　技大会が４条１項６号非営利公益事業ではないことは近年の状況を追認し
　　　　たにすぎず、IOCを含め関係者及び社会一般には何の不利益もない。

（3-2-4）IOCは、自らをスイス連邦評議会が承認した非営利団体であり
　　　　（憲章規則15）、「非営利活動に限りオリンピック・シンボル…を使用する
　　　　ことができる」（憲章規則3.2）とするが、上記改訂はあくまで商標法４条
　　　　１項６号との関係に留まり、IOCのいう「非営利団体」性と「非営利活動」
　　　　性を否定したわけではない。

（4）ローカルパートナーの救済

（4-1） JOC又は組織委員会が当初から出願人であった登録商標は、JOC
及び組織委員会が法上認定された非営利公益団体であることから、これらを
4条1項6号非営利公益法人ではないと認定しなおすことができないので、
JOC又は組織委員会がライセンス契約する国内スポンサー企業であるロー
カルパートナーの商標権侵害罪は別の方法で救済するしかない。

（4-2） そこで、IOCファミリーに一両損させて、JOC又は組織委員会が当
初から出願人であったオリンピック商標は無効審判により遡及的に消滅させ
て、商標法4条2項が適用されないようにIOCの登録商標にして [(447)]、例え
ば、IOCが専用使用権を設定したJOC又は組織委員会にローカルパートナー
とのライセンス契約をし直させればよい。

（4-3） ここで、スポンサー企業に一両損してもらい、無効審判はスポンサー
企業の負担ですればよい [(447)]。

④ IOCファミリーの知財管理体制の再構築

（1）独立した知財管理部門の設置

　現状、組織委員会がオリンピック資産のマーケティング営業と知財管理をし
ているが（大会ブランド保護基準 [(S205)]）、開催都市決定後に組織され大会終了
後に解散してしまうようなガバナンスとコンプライアンスが十分といえない組
織は、知財管理に対する責任感に乏しくノウハウが蓄積しない（要は知財管理
能力が欠如している）と考えてよい。

　そこで、組織委員会にはオリンピック資産の（アンブッシュ・マーケティン
グ対策を含む）商品化権に基づくマーケティング営業だけを担当させ、例え
ば、恒常的な別法人としてIOC直属の知財センターを設立して知財管理を担当
させるべきだ。

　知財センターは、オリンピック知財の権利化戦略と、商品化権・ライセンス

447　特許庁はこの無効審判とIOCの再出願を最優先で処理してくれるだろう。

契約・アンブッシュ・マーケティング対策の法的サポートに責任をもたせノウハウを蓄積させるべきだろう [448]。

（2）権利化戦略の再構築

（2-1）IOCが4条1項6号非営利公益団体ではなく、オリンピック競技大会が4条1項6号非営利公益事業ではなければ、IOCファミリーのオリンピック商標は、当初は必ずIOC自身が出願して商標法4条2項の適用を回避するという権利化戦略を採用することになろう。

（2-2）IOCの出願商標は、審査の査定審決時には国際的に著名であるから、商標法4条1項6号に頼らなくとも第三者による出願は拒絶査定される筈であり、仮に、第三者に抜け駆け的に出願されても、既に特許庁ではそのような出願に対処する体制はできていると考えられる [449]。

（2-3）なお、IOCの出願商標の指定商品・役務は、現実的なライセンスの範囲を考慮して適正な数に絞り込むか、使用しない商品・役務については防護標章制度を利用して商標制度本来の趣旨に沿った知財管理をするべきだろう [430]。

（3）知財管理の再構築

（3-1）専用使用権に基づくライセンス契約を活用して、IOCファミリー内の安易な商標権の移転をせず、ライセンシーがサブライセンスし易くすることを考えるべきだ。

（3-2）他人の経済活動に対して差止警告するには、知的財産権上の正当権限が必要であり、正当権限に基づき差止警告することは、誰も反対しないのであるから堂々と行ったらよいのである。

　IOCファミリーは、当初より正当権原があるのか疑われており、違法ラ

448　知財センターが恒常的組織であれば、例えば、招致が期待される数年後の札幌オリンピックで機能させたり、オリンピック競技大会がない間はJOCの知財センターとして機能させたりすることも可能だろう。

449　特許庁HP「自らの商標を他人に商標登録出願されている皆様へ（ご注意）」(https://www.jpo.go.jp/faq/yokuaru/trademark/tanin_shutsugan.html)。早期審査制度を組み合わせれば、登録までに大きな遅延が生ずることはあるまい。

イセンスを継続する今となっては何の説得力もない「アンブッシュ・マーケティング対策」を大上段に構えて、オリンピック競技大会を楽しもうとする人々に水を差して反感を買う必要などなかろう（例えば、組織委員会が主催する東京大会盛上企画「東京2020応援プログラム」において、参加希望の非営利団体（自治会、町内会等、商店街、NPO等）にアンブッシュ・マーケティングの監視義務を代行させるような契約など論外である（それほどアンブッシュ・マーケティングを監視したいなら、組織委員会の自己責任で行うべきだろう））[450]。

おわりに

論文公表・国会質疑・新聞報道の下で、本問題について一定の社会的関心が喚起されている一方で、当事者たるIOCファミリー・多くの政治家・多くのメディア・多くの知財関係者は思考停止の中で沈黙したまま、本問題は平成／令和の二つの時代を跨いで2020年東京大会に向けて継続している。

筆者にはこの光景は、伝え聞く、大勢として思考停止してしまい我国の主要都市が爆撃によって焼け野原になり、原爆を投下される[451]まで戦争を止めなかった戦前の我国の状況と酷似するように思えるのである。

IOCファミリー及びメディア・知財関係者には、我国の本来精緻で有用な知財制度を活用して、たとえ絶望的な状況であっても、思考停止せずに、本問題に向き合って解決に向けて努力することを強く奨める次第である。

450　組織委員会HP（https://participation.tokyo2020.jp/jp/data/matsuri2018_pledge.pdf）

451　第4章の基になった論文がパテント誌の査読を受けたときに、「原爆を投下される」という言い回しにショックを受けた査読チームの若い弁理士達が削除を要請してきたため、論文ではこの言い回しは使用しなかったが、書籍化するに当って復活させた。この言い回しは、著者の世代では読み慣れそして聞き慣れているので、年代ギャップを実感したことが印象に残っている。

終章
オリンピック知財について
私が知っている二、三の事柄

　プロローグで呟いたように、本書では、第3章及び第4章で、著者自身も予想しなかった驚愕すべき深刻な事実である、オリンピック商標の違法ライセンス問題の全貌について明らかにしました。

　しかし、本書は決して闇を暴いたわけではなく、本書で考察された事項は私たちの面前で直接に、あるいはTV、新聞、ネット等の表のメディアを通して公然と晒されたオリンピック商標の使用に基づいたものです。

　この深刻な問題は、第4章で指摘したように、政府が行った公益著名商標のライセンス禁止条項を一部削除するという小手先法改正では解決できません。

　巨額の税金が投入され、夥しい数の組織が関係する裾野が果てしなく広い巨大なオリンピック事業では、小手先法改正後も、商標法に残る登録商標のライセンス及びサブライセンス制限並びに移転制限の下で、登録商標を合法的に円滑に活用することは至難だからです（なお、改正商標法31条1項による通常使用権者が登録商標をサブライセンス（又貸し）できないことは、通常使用権に課せられた本質的制限であり他の知的財産権にも共通します）。

　第4章では、現状の知的財産制度の中で、法改正や裁判をすることなく、この大問題を解決する策を提示しましたが、この解決策を実施しようとすれば問題の当事者には大きな痛みが伴い、その痛みに向き合って問題を解決する意志は問題の当事者にはなさそうです。

　終章では、今後の考察の指標とすべく、第1～4章で十分に説明できなかったいくつかのトピックを書き下ろしました。

Ⅰ．商標法には何故ライセンス禁止条項が存在するのか

1 現在の商標法の戦後法としての制定趣旨

　商標法に、特許法等の他の知的財産法にはない、公益著名商標のライセンス・譲渡の制限条項が何故存在するのかについては、第3章及び第4章の基になった論文を書いたときから不思議に思っていたのですが、本書を執筆する機会を利用して調べてみました。

　現在の商標法は、第二次世界大戦後に制定された日本国憲法の下で、特許法等と共に、戦後法としての体裁を整えて、昭和34年4月13日に公布され、昭和35年4月1日に施行されましたが、公益著名商標のライセンス・譲渡制限条項は、当時の商標法に既に現在とほぼほぼ同じ文言で規定されていました（以下では、昭和35年4月1日に施行された商標法を「戦後法」と言います）。

　戦前法を根本的に見直した戦後法が、いったいどのような議論を経て成立したかを知るために、当時の国会議事録を国会図書館の国会会議録検索システム（https://kokkai.ndl.go.jp/#/）を使って調べてみました[501]。

　昭和34年2月19日から3月28日にかけて、知的財産制度における戦後法の理念を巡り国会で熱い討議がなされているのですが、大変に驚くべきことがわかりました（以下では、登録商標のライセンスに関する改正部分を説明します）。

＊＊＊＊＊＊

　商標法は、戦前法では、（他の知的財産法と異なり）原則ライセンスが禁止されていたところ、戦後法において、我が国の経済復興に伴い商標の経済的価値を追求すべく、（他の知的財産法と同様に）原則ライセンスができるように見直されたのでした。

　昭和34年2月25日参議院商工委員会で、参考人の前商工組合中央金庫理事長の村瀬氏が登録商標のライセンス解禁の趣旨を以下のように述べています[502]。

501　国会会議録検索システムは大変な優れもので、検索し易さと記録の完備ぶりが素晴らしく、我が国の秀逸な知的財産の一つと思います。

502　第31回国会参議院商工委員会会議録第12号（昭和34年2月25日）

「商品を買う一般公衆は、その商品が特定の出所から流出しているという信頼を持っている。…他人に登録商標を使用させることを許しますることは、商標に関する公衆の信頼を裏切ることになるから、法律上禁止すべきであるというのが現在までの商標法の根本的な原則であったわけでございます。ところが経済の発展とともに次第に商標の経済的価値が高まってきて、…他人に使用させたりする必要性が生じてきたのでございます。しからばこのような経済上の要求に応じた場合において…格別の弊害は認められないということで、今回の法律案の採用ということになったと思われますが、私もこれが適当であるという考えでございます。」

　これを読むと、戦後法では、他の知的財産と同様に登録商標のライセンスを可能にしようとする議論がなされたのであって、公益著名商標のライセンスを禁じる趣旨の法改正ではなかったことになります。

　公益著名商標は、むしろ、公益的観点から登録を禁止する商標として、戦後法において新たに加えられたという文脈で議論されています。

　昭和34年2月26日参議院商工委員会で政府委員の井上特許庁長官が公益著名商標を登録禁止とする趣旨を以下のように述べています[503]。

「改正案は、その現行法の不登録理由に二項目を加えることとしたわけでございまして、その第一は…、第二が国、地方公共団体、公益団体等を表示する著名な標章でございます。…後者につきましては、たとえばオリンピックの五輪のマークのような公的な目的に用いられておりますマークについては、これを一私人の独占権の対象とすることは適当でないと考えたわけでございます。」

　このように、公益著名商標の登録禁止の趣旨が説明される一方で、

　公益著名商標の登録禁止の例外（非営利公益団体自身が商標登録出願した場合は登録を認める）規定（商標法4条2項）とライセンス禁止条項（商標法30条1項但書、31条1項但書）については、特段の議論がないまま、新たな条項として、現在の商標法とほぼほぼ同じ文言で規定されました。

＊＊＊＊＊＊

　即ち、戦後法は、商標の経済的価値を追求したい我が国の産業界のニーズに沿って、登録商標のライセンスを可能にする改正を行う一方で、経済的追及を目的とする必要性が前提として存在しない非営利公益団体の公益著名商標に対しては、改正前と同様の趣旨「公衆の信頼を裏切ることになるから、法律上禁止すべきである」の下で、ライセンス禁止規定が適用されることに議論の余地はなかったということになります。

　さらに、特筆すべきは、戦後法において、公益的観点から新たな登録禁止の対象となった公益著名商標として、非営利公益団体の表示標章は、国・地方公共団体の機関の表示標章と同列に扱われ、その例としてオリンピックの五輪のマークが公的な目的に使用されるものとして想定されていることです。

② 令和元年5月27日施行の改正商標法の意義

　半世紀以上前の戦後法制定時に議論された、商標の出所表示機能及び品質保証機能は、現在の商標法の教科書にもそのまま受け継がれている商標の本質的機能であり、この商標の本質的機能の経済的価値を活用すべく、登録商標は自由にライセンス及び譲渡することができるという戦後法の趣旨は現行法にそのまま受け継がれています。

　一方で、商標の経済的価値を追求する必要性が前提として存在しない非営利公益団体の公益著名商標に対しては、戦前法からのライセンス及び譲渡の制限条項が維持されていたところ、令和元年5月27日施行の改正商標法では、サブライセンスが禁じられているライセンス（通常使用権）の禁止条項（商標法31条1項但書）だけが削除されました。

＊＊＊＊＊＊

　特許庁は、令和元年5月27日施行の改正商標法31条の趣旨を以下のように説明します (504)。

「近年、地域のブランディングや自身の広報活動の一環として、地方公共団体や大学等が関連グッズを販売することや、研究機関が開発に携わった商品を企

〔戦後法制定時の国会審理会議録（抜粋）〕

（第九部）

第三十一回国会 参議院商工委員会会議録第十三号

（一二八）

第九部　商工委員会会議録第十三号　昭和三十四年二月二十六日　【参議院】

昭和三十四年二月二十六日（木曜日）午前十一時十四分開会

出席者は左の通り。

　委員長　田畑　金光君
　理事
　　　　　上原　正吉君
　　　　　小幡　治和君
　　　　　島　　清君
　　　　　大竹平八郎君
　委員
　　　　　佐野　廣君
　　　　　鈴木　万平君
　　　　　堀本　宜實君
　　　　　海野　三朗君
　　　　　阿具根登君
　　　　　栗山　良夫君
　　　　　豊田　雅孝君
　国務大臣
　通商産業大臣　高碕達之助君
　政府委員
　通商産業省企業局長　松尾　金蔵君
　特許庁長官　井上　尚一君
　事務局側
　常任委員会専門員　小田橋貞寿君

本日の会議に付した案件
○特許法等の一部を改正する法律案（内閣提出）
○商標法案（内閣提出）
○特許法施行法案（内閣提出）
○特許法等の施行に伴う関係法令の整理に関する法律案（内閣提出）
○工業所有権に関する手続等の特例に関する法律案（内閣提出）
○実用新案法案（内閣提出）
○実用新案法施行法案（内閣提出）
○意匠法案（内閣提出）
○意匠法施行法案（内閣提出）

━━━━━━━━━━━━━━━

○委員長（田畑金光君）　これより商工委員会を開会いたします。

　それでは、まず特許法案外九件を一括して議題といたします。商標法案外三件の内容につきまして、先に提案理由の概略の説明がございましたが、今日はこれを補足する意味におきまして、商標法案及びこの四法案の施行に伴う関係法令の整理に関する法律案、特許法等の施行に伴う法律案並びに工業所有権に関する手続等の特例に関する法律案、この四法案の内容の一部を改正する法律案の一部につきまして、その内容の説明を求めます。

○政府委員（井上尚一君）　先にご提案いたしましたお手元に配付してございます各案件の要綱を申し上げたいと思います。

　第一点として、この商標法案につきましては、現行法の規定では登録しない理由を列挙しておりますが、例えば菊花紋章でございますとか、勲章とかその他の公益性の強いものを今列挙しておるわけでございますが、改正案は、その現行法の不登録理由に二項目を加えることとしたわけでございまして…

（以下本文略）

業が販売するケースが増え、特に大学において、自主財源の確保、産学連携から生じた研究成果の周知及び大学のブランド・知名度の向上等を目的に、公益著名商標に係る商標権の通常使用権を事業者に許諾し、ブランド展開を積極的に行いたいとのニーズが高まっていました。」

「今回の改正により、公益著名商標に係る商標権について、通常使用権の許諾が可能となることで、公益団体等による登録商標の活用の幅が広がることが期待されます。」

　特許庁が説明する「公益著名商標に係る商標権の通常使用権を事業者に許諾し、ブランド展開を積極的に行いたいとのニーズが高まっていました」という立法事実は、平成30年12月27日に開催された第4回商標制度小委員会で唐突に議論されたものです。

　議論がなされた立法事実は、以下の点で、極めて不自然です。

①地方公共団体や大学等の非営利公益団体の表示標章がどれほど著名なのかという点（関連グッズの販売等を通じてこれから著名にするというのは、これらの団体の存立意義に対する厚い信用が表示標章の著名性の源であるべきという本来の趣旨に鑑みれば本末転倒です）。

②大学の自主財源の確保や産学連携の運用のためのニーズなどは、大学への公的財政支出が削減され続ける中で、大学が財源捻出のためにやむなく取り組む中で生じているのであり、自らの表示標章の経済的価値を利用するという話とは別の次元で議論がなされるべき点。

③大学等の非営利公益団体は、公益著名商標のライセンス活用を可能にする議論を、これまでも商標制度小委員会とは別の審議会で長期にわたり行ってきましたが、これらの団体の意見が必ずしも一致しているわけではない点[505]。

④公益著名商標のライセンス活用のニーズで、戦後法が想定した我が国の産業界のニーズに匹敵する規模であるのは、IOCファミリーによる登録商標のラ

504　特許庁『公益著名商標に係る通常使用権の許諾が可能となります』（2020年5月17日）（https://www.jpo.go.jp/system/trademark/gaiyo/seidogaiyo/koeki_chomei.html）

イセンス活用であることは明らかですが、全く議論されていない点。

特に④は、戦後法が非営利公益団体の表示標章の典型例としてオリンピックの五輪マークを想定していることと、2020年東京大会の費用3兆円が戦後法が想定した我が国の産業界のニーズに匹敵する経済規模であることから、商標法改正の立法事実として全く議論しないということは極めて不自然です。

一方で、IOCファミリーによる登録商標のライセンス活用のためにライセンス禁止条項を一部削除するという議論をしてしまえば、IOCファミリーによるこれまでの登録商標のライセンス活用は違法であったということが表面化してしまうため議論のしようがなかったということになります。

＊＊＊＊＊＊

以上のことから、第198回国会参議院法務委員会の質疑で小川敏夫参議院議員が指摘したように、令和元年5月27日施行の改正商標法31条は、IOCファミリーによるオリンピック関連登録商標の違法ライセンスを合法化するための後付的改正であり、地方公共団体や大学等の非営利公益団体の議論が出汁に使われたと言われても仕方がないということになります。

第4回商標制度小委員会でなされた公益著名商標のライセンス解禁議論は、半世紀以上前の戦後法制定時になされた議論の内容を一歩もでておらず、現代においてわざわざ議論する意味があるとは思えません。

知的財産制度に関わる専門家である弁理士の端くれとしては、戦前法・戦後法での洗練された議論の上で成立した商標制度が、半世紀の時を経て、本来目的とすべき対象であるオリンピック知財の在り方に向き合わず、行き当たりばったりの生煮議論でライセンス禁止条項の但書1行の削除でお茶を濁して、商標制度を歪なものにしてしまったことは、半世紀以上前に戦後法を議論した先人に対して申し訳が立たないとしか言いようがありません。

505　例えば、以下が挙げられます。
　　「平成28年度　特許庁産業財産権制度問題調査研究報告書　大学をはじめとする公益に関する団体等を表示する商標のライセンスに関する調査研究報告書」
　　「平成24年度特許庁大学知財研究推進事業　大学ブランドを活用した産学連携成果の普及に関する研究報告書」

③ 令和元年の商標法改正が如何にヒッソリとなされたか

　令和元年5月27日施行の改正商標法は、2019年3月1日に閣議決定され、同年4月16日に衆議院で可決、同年5月9日に参議院で可決、と書くと、読者に、あたかも内閣と国会で熟議されたかのような誤解を与えてしまうように思います。

　閣議決定された法案「特許法等の一部を改正する法律案」は、特許法及び意匠法の改正が主で、その中に埋め込まれた商標法31条1項の但書1行を削除するだけの商標法改正の内容など、閣僚・国会議員で気が付いた人がいたとは思えず、当然、何一つ議論されないままでした。

　ちなみに、特許庁が公表している「特許法等の一部を改正する法律」の内容部分はA4縦書で37頁ですが、そのうち特許法・実案法・意匠法の一部改正が34頁を占め、商標法改正は3頁で、そのうちライセンス禁止条項（商標法31条1項柱書）の削除の改正はわずか1行の説明であることを思えば、このときの商標法改正が、他の知的財産法に比べて、また半世紀以上前の戦後法制定時に比べて、何一つ議論されず、如何にヒッソリとなされたかを実感していただけると思います。

Ⅱ．オリンピック商標の違法ライセンス問題の本質

　2020年東京大会は、2020年に我が国を襲ったコロナ禍により、1年延期されただけでなく、本書執筆時の2021年3月においても実施見通しが不透明な状態です。

　2020年東京大会は、

　招致時の金銭疑惑が不透明なまま、コロナ禍前及び最中において、

　開催都市である東京都への相談なきマラソン競技の札幌への会場変更決定、

　安倍前首相主導の開催延期決定、そして、

　組織委員会の森喜朗氏の舌禍による会長辞任等のゴタゴタが連鎖し、

　主催者側のIOCファミリーが組織として不透明でドロドロしたものである

ことが露わになり、かつて共同幻想として成立していたオリンピック精神の高貴な理念は泥にまみれたとしか思えません。

著者が第2章の基になった論文を執筆したのはコロナ禍の前ですが、多額の税金が投入された総額3兆円に及ぶ大事業において、運用主体であるIOCファミリー及び東京都と、契約上は赤字を補填する財布（中身は税金です）に過ぎない政府の責任の所在が不明確で、これらが責任転嫁をしあう無責任な状況は[506]、第2章のオリンピック憲章と開催都市契約の考察で十分に予想されたことでした。

また、著者は、第3章の基になった論文で考察したオリンピック商標の違法ライセンス状態に気が付いた段階でも、国の関与を建前上排しているオリンピック憲章に従い、政府は財布に徹して影の存在としてIOCファミリーと東京都の運用主体を支えているものと何となく思っておりました。

しかし、第3章の基になった論文を投稿した2018年11月以降に立て続けに起きた「桜を見る会」「検察庁法改正」「学術会議任命拒否」の各問題の顛末をみると、「オリンピック商標の違法ライセンス問題」も政府が深く関与する同じ構造の中で生じていたことがよく理解できるようになりました。

1 「桜を見る会」問題との関係性

《共通点：違法感覚なき公然性》

「桜を見る会」は、1952年（昭和27年）から連綿と続いてきた政府の行事ですが、本来の趣旨は社会的貢献をした方々を招待して内閣総理大臣がその労をねぎらうというものでした。

しかし、第2次安倍政権の2013年から招待者が急増したことで、「桜を見る会」を春の定例のお祭りのように中継するTV報道や、参加した関係者による

506　開催都市契約の当事者ではない（2020年東京大会に責任を負わない）政府があたかも最高責任者のように居座り、その周りで当事者たるIOC、JOC、組織委員会、東京都が互いに牽制しあっているという構図は、中世から続く我が国の典型的な権力構造を彷彿とさせる極めて日本的光景といえます（河合隼雄『中空構造日本の深層』、丸山眞男『天皇制における無責任の体系』を参照されたい）。

SNSへの投稿記事等によって、違法感覚のないまま、広く国民に一大エンタメとして公然と知られるようになりました。

　その一方で、2019年11月に、田村智子参議院議員が、このようなエンタメ行事化した桜を見る会を国会質疑で取り上げ^(507①)、「桜を見る会」の公然実施状態そのものが証拠となって、公文書管理法・公職選挙法・政治資金規正法違反が強く疑われる大問題に発展してしまいました。

※　※　※　※　※　※

　オリンピックは、1970年代まではアマチュアリズムを堅持して、精神的理念を前面に出した崇高な国際的行事としての体裁を維持しましたが、商業化の進展に伴い、1980年代以降はオリンピックビジネスと化し、利権に群がるとしか形容できない輩とそれを利用するIOCによる、精神的理念があるとは到底思えない運営が前面に出てきました。

　IOCファミリーのオリンピックビジネスの中心が、1980年代に始まるTV放映権を巡る利権であることは、コロナ禍での2020年東京大会の延期騒動で改めてあからさまになったのですが、TV放映権と並行してアンブッシュ・マーケティング規制と呼ばれるオリンピック知財活用の利権が確立され、中でも、各国の商標制度を利用したオリンピック商標のライセンス活用による資金獲得は、TV放映権と並ぶオリンピックビジネスの柱を構成します。

　2020年東京大会では、組織委員会の予算の中で、オリンピック商標のライセンスを受けたスポンサー企業が負担するライセンス料は4,000億円程度を占めるといわれるまでになりました。

　オリンピック商標のライセンス活動は、IOCファミリー自身が、オリンピック憲章、開催都市契約及び大会ブランド保護基準により公然と表明し、多くのマスメディアを含むスポンサー企業によるオリンピック商標のTV等メディア、屋外広告、商品・サービスへの使用により、国民の面前で公然と違法感覚

507①　YouTube『「桜を見る会」が首相後援会の恒例行事に』（2019年11月8日）（https://www.youtube.com/watch?v=FqG_eybQ_ZE）

なく実施されてきました。

　その一方で、2019年３月に公表された第３章の基になった論文で、このようなオリンピック商標のライセンス活動は、公然実施状況そのものが証拠となって、商標法のライセンス制限条項に違反しており、その結果、2000年以降に限っても、スポンサー企業は、長期に渡り商標権侵害状態に置かれていたことを指摘しました。

　以上から、「桜を見る会」と「オリンピック知財の違法ライセンス問題」の違法感覚なき公然実施性が酷似していることがよくわかります。

《相違点：違法性に対する当事者の対応》

　「桜を見る会」問題では、公文書等の証拠の廃棄・非開示によって、当事者自らは身の潔白を積極的に証明しようとしていないことは、国会質疑・野党合同ヒアリングなどで明白になっており、このことが国政調査権に基づく国会での問題追及を阻み、問題の根本的解決を難しくしています。

　「オリンピック知財の違法ライセンス」問題では、著者の論文での指摘、小川敏夫参議院議員による国会質疑[508]、及び、東京新聞の取材・報道[509]に対して、当事者たるIOC及び組織委員会は「法に沿って適切に契約している」というだけで、一度もきちんとした反論をしたことがありません。

　但し、オリンピック関連登録商標のライセンス活動の違法性は、IOCファミリーとスポンサー企業の契約内容が開示されなくても、契約内容に関係なく、IOCファミリーが登録商標のライセンス活動をホームページで公表し、スポンサー企業が登録商標を公然と使用している外形から、客観的に証明されてしまうので、当事者の積極的な情報開示の必要がなく、この点は「桜を見る会」問題と大きく異なります。

508　第198回国会　参議院法務委員会会議録第四号６頁４欄〜８頁３欄（第198回国会参議院法務委員会20190320議事録.pdf）、及び、
　　　YouTube『2019年３月20日　参議院法務委員会』（2020年７月１日）（https://www.youtube.com/watch?v=-VHkHLwZ3WE）　小川敏夫参議院議員の質疑は（00：45：30〜01：09：47）です。
509　東京新聞2019年３月28日「こちら特報部」

② 「検察庁法改正」「学術会議会員任命拒否」問題との関係性

　これらの問題と「オリンピック知財の違法ライセンス」問題には、官邸の関与が通底奏音として鳴り響いてます。

　「検察庁法改正」「学術会議会員任命拒否」問題については国会質疑を始め夥しい数の情報がネット上に溢れ、官邸の関与の問題の構造が可視化されています。

　一方、「オリンピック知財の違法ライセンス」問題については、2019年に著者の論文、小川敏夫参議院議員の国会質疑[508]及び東京新聞の記事[509]でそれなりにきちんと検討され可視化されました。

　しかし、IOCファミリーのスポンサー企業であり、問題の当事者である多くの大手メディアが全く報道せず（東京新聞はスポンサー企業になっていません）、「検察庁法改正」「学術会議会員任命拒否」問題がまだ顕在化する前で、私自身も、外見上はIOCファミリーが前面にでていた関係で、当時の官邸の関与があまり見えていなかったこともあり、官邸の関与の構造についてほとんど整理していませんでした。

　しかし、官邸の関与の構造は、「検察庁法改正」「学術会議会員任命拒否」問題において明瞭になるに伴い、「オリンピック知財の違法ライセンス」問題においても、概ね共通していることがよく見えてきました。

　これら3つの問題に対する官邸の関与は、以下の3ステップで構成される点が共通しています。

①ステップⅠ：違法が疑われる行為をまずは行い既成事実化しようとする。

②ステップⅡ：違法が疑われる行為を肯定する法解釈を開陳する。

③ステップⅢ：違法が疑われる行為が合法になるような法改正を画策する。

《ステップⅠについて》

　「検察庁法改正」問題では、東京高検検事長であった黒川氏の定年延長を閣議決定して、実際に、定年延長してしまいました。

　しかし、既成事実化される前に検察庁法22条に対する違法性が、本多平直衆議院議員の国会質疑等により国会で発覚してしまいました[507②]。

　「学術会議会員任命拒否」問題では、日本学術会議が推薦した次期会員候補105人のうち6人が、内閣総理大臣によって理由なく任命されないままになりました。

　しかし、既成事実化する前に、メディア報道で日本学術会議法7条2項に対する違法性が発覚してしまいました[507③]。

　「オリンピック知財の違法ライセンス」問題では、遅くとも2000年以降、長期間に亘り公然と、IOCファミリーが大々的な旧商標法31条1項に対する違法性が疑われるオリンピック知財のライセンス活用をし続け、ライセンスを受けたスポンサー企業等は商標権侵害（商標法36条1項）が疑われる行為をし続けました。

　2019年までこの事実は誰も気が付くことなく、ほぼ既成事実化していましたが、遅れてやってきた弁理士が気が付いて公になりました。

＊ ＊ ＊ ＊ ＊ ＊

　違法を疑われる行為の実行者が、「検察庁法改正」「学術会議会員任命拒否」問題では官邸周辺の国家機関であるのに対して、「オリンピック商標の違法ライセンス」問題では、民間組織たるIOCファミリー等である点が異なりますが、このコロナ禍で、オリンピック開催時期の延長騒動が勃発し、2020年東京大会の運営に官邸周辺の国家機関が深く関与し、IOCファミリーと官邸が一体となって活動していることが明らかになった今となっては、IOCファミリー等の違法が疑われる行為について、官邸が知らなかったということはあり得ないと思います[507④]。

　IOCは、従前より、立候補都市に対してオリンピック知財の活用が合法的に

507②　YouTube『ノーカット　前代未聞「定年延長」を追求』（2020年2月5日）（https://www.youtube.com/watch?v=wvthfGomlSg）

507③　しんぶん赤旗『菅首相、学術会議人事に介入』（2020年10月1日）（https://www.jcp.or.jp/akahata/aik20/2020-10-01/2020100101_01_1.html）

507④　首相官邸『東京オリンピック競技大会・東京パラリンピック競技大会推進本部』（2020年2月14日）（https://www.kantei.go.jp/jp/98_abe/actions/202002/14olympic.html）　2020年東京大会の推進本部が首相官邸に置かれている。

できるような法制の整備を要請し、他国はその要請に応えるために特別立法をすることを約していますが、2020年東京大会の招致時に、招致委員会は、我が国では既存法制で対応でその必要がないと回答しています（第1章I）。

　今考えてみると、我が国も特別立法をすると宣言してしまえば、オリンピック知財の活用が既存の制度の下では合法的にできないということを自認してしまうことになり、そのようなことは口が裂けても言えなかったということのように思えます。

《ステップIIについて》

　「検察庁法改正」問題では、官邸サイドは、一般法である国家公務員法の定年延長規定（国公法81条の3）を、（本来、特別法たる検察庁法が適用されるべき）検察官に適用できると解釈変更して、検察庁法22条違反が疑われる行為を合法化しようとしました。

　しかし、国会での野党の厳しい追及により[507⑤]、本来、特別法が一般法に優先されて適用されるという原則に則り、従前の法解釈が蓄積されている点が指摘され、官邸サイドの解釈変更に無理があり過ぎることが明らかになりました。

　「学術会議会員任命拒否」問題では、官邸サイドは、日本学術会議法を、憲法での一般法である憲法15条1項（公務員の選定罷免権）に紐づけて、内閣総理大臣は、日本学術会議法7条2項において、推薦された会員全員を任命しなければならない義務を負うとまでは言えないとして、日本学術会議法7条2項違反が疑われる行為を合法化しようとしました。

　しかし、この場合も、日本学術会議法は、憲法での特別法たる憲法23条（学問の自由）に紐づけて解釈すべきであるとの憲法学者の指摘[507⑥]（「立憲デモクラシーの会」記者会見）や、国会での野党の追及[507⑦]によって、官邸サイ

507⑤　YouTube『衆議院2020年02月19日予算委員会#08山尾志桜里（立憲民主・国民・社保・無所属フォーラム）』（2020年2月19日）（https://www.youtube.com/watch?v=Z8yg9g_4aOA）

507⑥　YouTube『「立憲デモクラシーの会」記者会見』（2020年10月6日）（https://www.youtube.com/watch?v=HloaFE9SHkg）

ドの解釈変更（したとは言っていませんが）が合法とは到底言い難いことが明らかになりました。

＊＊＊＊＊＊

　「オリンピック商標の違法ライセンス」問題では、小川参議院議員の国会質疑で、内閣官房の官僚が、IOCファミリーに代わり、一般法である民法の規定を持ち出して、オリンピック知財のライセンス活動の合法性を説明するという弁理士が聴けば赤面するような珍説を展開しましたが、小川議員のぶれない追及でこの珍説はあえなく撃沈されました[(508)]。

　一般法に優先して特別法を適用することが法解釈の原則ですが、官邸・官僚サイドは、いずれの場合も、特別法違反が疑われる行為を、一般法に紐づけて肯定的に解釈するという無理を重ねており、官邸・官僚組織に進む法治意識の崩壊を象徴しているとしか思えません。

《ステップⅢについて》

　「検察庁法改正」問題では、検察官の定年を官僚サイドで永久に延長し続けられるとした「検察庁法改正」案が、SNSへの「＃検察庁法改正案に抗議します」投稿[(507⑧)]が100万回超のツイートという猛烈な国民からの反発によって、政府が国会提出を断念したことは記憶に新しいところです。

　しかし、政府はあきらめておらず、「検察庁法改正」案を提出する機会を探っています[(507⑨)]。

　「学術会議会員任命拒否」問題では、政府・自民党は、日本学術会議の組織

507⑦　『学問の自由ほりくずすもの』（2020年10月8日）（https://www.youtube.com/watch?v=40t1I-migIo）

507⑧　NHK政治マガジン『検察庁法改正めぐる投稿専門家がデータ分析』（2020年5月16日）（https://www.nhk.or.jp/politics/articles/lastweek/36813.html）

507⑨　毎日新聞『検察庁法改正案、臨時国会提出見送りへ　定年延長「特例規定」修正案固まらず』（2020年10月7日）（https://mainichi.jp/articles/20201007/k00/00m/010/276000c）

507⑩　朝日新聞『「科学と政治の連携重要」自民が学術会議在り方検討』「学術会議も行革の対象へ　河野行革相「自民党から要請」』（2020年10月9日）（https://www.asahi.com/articles/ASNB941T9NB9UTFK006.html）

自体を変えてしまう法制度 (507⑩) をつくることを検討をしています。

　「オリンピック商標の違法ライセンス」問題では、第３章の基になった論文のパテント誌への投稿後で掲載前に、突然に有識者会議（第４回商標制度小委員会）が開催され、第４章で説明しました旧商標法31条１項但書を削除する法改正がなされました。

　但し、この法改正は、登録商標のライセンス禁止条項の一部だけを削除するというあまりに中途半端な内容で、商標制度全体を「総合的・俯瞰的」に検討したとはとても思えません。

《まとめ》

　商標法改正によるオリンピック商標の違法ライセンスの合法化については、国会質疑で小川敏夫参議院議員から指摘され、この指摘に対して全く説明できなかった内閣官房の官僚に対して、小川敏夫参議院議員はさらに以下の指摘をして質疑を締めています (508)。

　「この違反行為に関して、…脱法行為的説明でごまかしている間に、法律改正して合法化しようとしているそのやり方は、政府の対応はおかしいですよ。」

　小川敏夫参議院議員は、当時既に「検察庁法改正」「学術会議会員任命拒否」「オリンピック知財の違法ライセンス」問題に共通する官邸の関与の構造を的確に指摘していたのだと、改めて納得してしまいました。

Ⅲ．知的財産制度の専門家の責任について

1 知的財産制度の専門家は懺悔すべきだ

　オリンピック知財が資金獲得のために活用されだした1980年以降、特にオリンピック商標が顕著に活用されだした2000年頃から、我が国では、短く見積もっても20年以上にわたり、IOCファミリーによるオリンピック商標の違法ライセンスが巨額のライセンス料の下で公然と行われてきました。

　オリンピック商標のライセンス活動の違法性の根拠となるのは、公益著名商標のためだけに規定された商標法31条１項の２行に満たない但書「ただし、第

四条第二項に規定する商標登録出願に係る商標権については、この限りでない。」です。

この規定は、戦後法が昭和35年4月1日に施行されてからコロナ禍の前年である令和元年5月27日まで存続したものであり、弁理士であれば弁理士試験の受験時に、典型的な例外条項として必ず覚える筈で、大学研究者や弁護士が商標法の教科書を書く際に、登録商標のライセンス制限事項として必ず触れる筈の極めて初歩的・基本的な事項です。

そうであるにもかかわらず、著者が2018年に第3章の基になった論文で指摘するまで、この初歩的・基本的な事項を根拠とする長期間・大規模に公然となされた違法行為に対して、知的財産制度の専門家が一切何も議論してこなかったことについて、著者も含めた専門家は恥ずべきであり懺悔すべきです。

② 著者の懺悔

著者は、第1章の基になった論文に着手するまで、ノーテンキにオリンピックを楽しみ、この論文も特許業務の合間に気分転換的に書いており、著者の頭の中で、オリンピック知財のライセンス活用と（弁理士試験以降は忘却の彼方であった）公益著名商標のライセンス禁止条項が結びつくことはありませんでした。

オリンピック知財の違法ライセンス問題を指摘した第3章〔おわりに〕で、「これまでに投稿した論考について、今回の帰結に気付かぬままに記載した部分については、パテント誌編集部と相談して機会をみて訂正するつもりでいる」と書きました。

本書を執筆する機会に点検したところ「今回の帰結に気付かぬままに記載した部分」が第1章の基になった論文にありましたので、以下に釈明しお詫び申し上げます。なお、基の論文も本書第1章も、著者の専門家としての恥をこのままさらし続けて今後の戒めとすべく、説明は元のままにしました。

具体的には、本書の第1章「Ⅲ．②（1）」に該当する以下の部分です（下線は筆者が引用時に付しました）。

「自由主義経済制度における契約自由の原則の下で、<u>自己の管理する知的財産をライセンス活用し、その活用を阻害させないように第三者に主張・警告をすることは、正当な経済行為であるので</u>、組織委員会が主張・警告(A)～(D)を公に示すことは法的に何ら問題ないと考えられる。」

　商標法のライセンス禁止条項によって、IOCファミリーは自己の登録商標のライセンス活動はできなかったので、下線を付した部分は間違いであり、その結果、そこに続く「組織委員会が主張・警告(A)～(D)を公に示すことは法的に何ら問題ないと考えられる」も間違いであり、以下のようにすべきでした。

「自由主義経済制度における契約自由の原則の下で、自己の管理する知的財産をライセンス活用し、その活用を阻害させないように第三者に主張・警告をすることは、正当な経済行為であるので、組織委員会が主張・警告(A)～(D)を公に示すことは法的に何ら問題ないと考えられる<u>（但し、現行商標法の下では、オリンピック商標のライセンス活用は違法であるため、法的な問題がある）</u>。」

③ 商標制度の改正に関わった有識者の責任

　公益著名商標に関する商標法改正を議論する有識者会議は、公益著名商標の登録禁止要件（実質的には登録要件）の審査基準を検討した「第12回商標審査基準ワーキンググループ（WG）」[510] と、ライセンス禁止条項の削除を検討した「第4回商標制度小委員会」[511] が（決して良い意味ではなく）重要な役割を果たしました。

　第12回商標審査基準WGでは、公益著名商標としてオリンピック関連商標の例示説明と、非営利公益団体としてのIOCファミリー関係の例示説明を詳細化し、IOCファミリーによって出願されたオリンピック関連商標については、ほぼ無条件で商標登録される審査体制にしました（本来であれば、財務開示もし

510　特許庁『産業構造審議会知的財産分科会商標制度小委員会　第12回商標審査基準ワーキンググループ配布資料』（2015年9月25日）（https://www.jpo.go.jp/resources/shingikai/sangyo-kouzou/shousai/shohyo_wg/12-shiryou.html）
511　特許庁『産業構造審議会知的財産分科会　第4回商標制度小委員会議事要旨』（2018年12月28日）

ていない外国の私的組織であるIOCが、商標法上の非営利公益団体に該当するのか否かは検討すべきです)。

　いわば、IOCファミリーのための登録優遇措置といってもよいほどの商標審査基準に変えてしまったのです。

　しかし、この改定された商標審査基準によって、オリンピック商標が公益著名商標として優遇的に商標登録されても、公益著名商標のライセンス禁止条項によって、IOCファミリーはオリンピック商標のライセンス活用をすることができず、ライセンス活用をしてしまえば違法行為になってしまうということになってしまったのです。

　商標審査基準WGの有識者が、

　そのことを知っていなかったのならば、専門家として失格ですし、

　そのことを知っていて、かつ、IOCファミリーが既に大規模なライセンス活動をしていることを知っていて、そのような議論をしていたならば、有識者としての良識が疑われます。

　有識者に入っていた日本弁理士会商標委員会委員長、日本商標協会員、知的財産協会商標委員会委員長など我が国の商標制度の専門家といわれる方々はいったい何を考えて議論していたのかということです。

　一方、ライセンス禁止条項の削除を検討した「第4回商標制度小委員会」の有識者も、IOCファミリーが、議論の対象となるライセンス禁止条項があるにも関わらず、既に大規模なライセンス活動をしていることについて、

　知らないで、議論していたのであれば、あまりに常識がなく、有識者として相応しいとは言えないでしょうし、

　知っていて、そのことに一切触れずに議論したのであれば、有識者としての良識が疑われます。

　有識者に入っていた知的財産制度の著名な学者、東京地方裁判所判事、第4回商標審査基準WGにも所属していた弁護士と弁理士等の方々はいったい何を考えて議論していたのかということです。

④ 日本弁理士会の責任

　著者も所属する日本弁理士会は、著者の論文の公表前も後も、論文で指摘された大問題について何一つ言及していません。

　日本弁理士会は、商標審査基準WGに商標委員会委員長を参加させ、パテント誌に特集を組んで[512]、オリンピック商標のライセンス活用を積極的に支援してきたことに対して、何らかの言及があって然るべきです。

　尤も、著者は、本当に情けないことに、この大問題に対応できる能力がそもそも日本弁理士会にあるのかということを考えてしまいます。

　例えば、第4章の基になる論文がパテント誌編集部の査読を受けた際に、商標系弁理士で構成される査読チームが、通常使用権者がサブライセンスできないという知的財産制度のイロハを知らないで、さらに、この論文が前提とする著者が取材を受けた東京新聞の記事[509]を（著者に頼めばいくらでも読めるのにもかかわらず）読まないで査読をしていることに唖然としました。著者は編集部に査読チームを入れ替えて査読しなおすことを要請せざるをえませんでした。

　また、著者は、パテント誌に掲載された著者の論文について、日本弁理士会の副会長お二人の希望で意見交換をしたことがあるのですが、このお二人も通常使用権者がサブライセンスできないという知的財産制度のイロハについて相当にあやふやなご様子でした。

　このイロハがあやふやであれば、著者の論文が理解できる筈がありません。

　日本弁理士会がこのレベルであれば、オリンピック商標の違法ライセンス問題に長い間全く気が付かず、問題が指摘された後も反応が鈍いというのも無理はないということになります。日本弁理士会の将来が憂慮されます。

⑤ 特許庁の責任

　オリンピック関連商標をライセンス活用できない態様で商標登録できるよう

512　例えば、「特集《オリンピック・パラリンピックと知財》」パテント71巻

に商標審査基準を改訂する一方で、その矛盾を解消するためだけとしか思えない、公益著名商標のライセンス禁止条項を一部削除する商標法改正をするという、不可解な政策を進めた特許庁の責任は大きいと思います。

特許庁の管轄下で実施される弁理士試験によって弁理士が生まれることを思えば、著者にとっては、生みの親である特許庁がこのようなことをしてしまったことは残念としか言いようがありません。

著者がかつてパテント誌に掲載された特許審査官による精緻極まる論文に感動したほどに見識の高い特許審査官がおられ、著者が特許審査対応で日常的に接している特許審査官は概ね能力が高く誠実であり、特許庁の特許制度政策は健全さを維持していると思っています。

一方で、商標制度政策は、他の商標ユーザーに比べて桁違いに規模が大きいオリンピック商標に関係する審査実務は忖度傾向が強く、健全性が損なわれているのではないかと心配しています[513]。

安倍政権下で経産省出身官僚が重用されたことを思えば、その管轄下にある特許庁が、特許制度に比べて専門性が低いようにみえる商標制度については経産省の意向を通す方向で動かざるをえなかったことは想像に難くありません。

ただ、オリンピック商標の違法ライセンス問題において、特許庁はぎりぎりのところで、以下の点で筋を通していると著者は考えています。

（1）小川敏夫参議院議員の国会質疑において、怪しげな答弁を繰り広げる内閣官房の官僚に対して、特許庁総務部長が小川議員の指摘を潔く認める答弁をしました[508]。この国会質疑を直接傍聴した筆者はこの特許庁総務部長の答弁には救われる思いでした。

（2）改正商標法が令和元年5月17日に公布される際に、特許庁はホームページで「公益著名商標に係る通常使用権の許諾が可能となります」[504]とあえて正確に広報しています。

513　特許の無名塾『オリンピック関連登録商標の異議申立と違法ライセンス疑惑の狭間で（号外）：異議決定通知→特許庁は判断を実質放棄』（2019年08月25日）(http://patent-japan-article.sblo.jp/article/186470115.html)

　さらに、特許庁の広報雑誌「特技懇」No.297（2020年5月29日）に掲載された商標系弁理士の論文の中で、筆者の第3章及び第4章の基になった論文を引用して「2019年5月27日施行された改正商標法31条では、公益著名商標についても通常使用権の許諾ができるようになった。これにより、オリンピック商標が通常使用権の許諾を通じてさらに活用されるようになって、多くの種類のライセンス商品が販売されるようになった」とわざわざ解説されています(514)。

　特許庁の広報及び商標系弁理士の解説は、2019年5月27日施行前は公益著名商標は通常使用権の許諾ができなかった（従って、そこまでの（この商標系弁理士もかつて無邪気にアピールしていた）オリンピック関連登録商標のライセンス活動は違法であった）ことを明言しているに等しいことになります。

　また、政府は公益著名商標のライセンス禁止条項を削除した改正商標法31条の立法事実において「五輪は念頭にない」としていたところ(509)、広報雑誌の投稿論文を通してですが、おそらく初めて、改正商標法31条の関係でオリンピック商標が念頭に入ったことを認めたことになります。

　忖度しきるのであればこれほど正確である必要性を感じないこれらの広報や解説をわざわざすることで、特許庁が一定の（良い意味での）アリバイつくりをしているように見えるのです。

514　青木博通『東京オリンピックと商標制度—ハードロー及びソフトローの視点から—』（特技懇2020.5.29. no.297）（http://www.tokugikon.jp/gikonshi/297/297tokusyu2-1.pdf）

〔謝辞〕

　本を完成させるということは、多くの方々との出会いとコミュニケーションの上でなければなしえないということを強く実感しています。

　本書の基になった論文について興味を持っていただき、日本弁理士会の多くの弁理士がピンとこない中にあって、弁理士らしく論理に徹した内容にするようにとの的を射たご指導をいただいた志ある弁理士の先生に、

　本書の基になった論文のパテント誌の掲載に尽力してくれた日本弁理士会第３事業部（当時）の事務方の皆様に、

　本書の基になった論文の構想段階の内容について、行政書士会新宿支部の研修会でプレゼンする機会を与えていただいた菅原次郎先生（行政書士）と有益なご意見をいただいた行政書士会新宿支部の先生方に、

　本書のテーマの一つである『五輪』商標登録問題について、IOCの出願段階で迅速な取材をしていただき、著者が本テーマを深堀して取り組むきっかけを与えてくれた北海道新聞の佐藤裕則記者と長谷川喜威記者に、

　本書の最大のテーマであるオリンピック商標の違法ライセンス問題について、的確に理解いただき上質の国会質疑の実現に尽力いただいた小川敏夫先生（参議院議員）、海江田万里先生（衆議院議員）及び三雲崇正先生（区議・弁護士・行政書士）に、

　問題の本質を正確で丁寧な記事にしていただいた東京新聞特報部の中山岳記者に、

　俳優としての三雲先生の舞台をブログ記事にすることを快く了解してくれた天辰哲也先生（行政書士、朗読劇団主宰）に、

　オリンピック知財の歴史・文化的側面について多くの情報と示唆をいただいた『オリンピックvs便乗商法』（作品社）の著者である友利昴様に、

　本書のテーマ全般にわたり、重要な情報を提供いただき、酒盛りしながら貴

重な意見交換をしてくれた古き友人に、

　論文の構想がなかなかまとまらない段階のおしゃべりを熱心に聞いてくれた
もう一人の古き友人に、

　書籍化にあたり様々なアドバイスをいただいたイマジン出版㈱の青木菜知子
専務に、そして、

　静かな執筆環境を整えてくれた家族に、心からの感謝を申し上げます。

エピローグ

　半世紀前の澄み切った青空の下、三種の神器も普及し始めて、今日よりも豊かな明日があると多くの国民が信じることができた高揚感に包まれた東京で、TVを通じてみた1964年東京オリンピックは、当時10歳の少年Sには、何か特別に気高い精神に満ち溢れた夢の中にいるようでした。

　そして今、あの時、東京で同じ空を見たはずの、同じ10歳だった少年Aは、多くの国民とは全く異なる世界で1964年東京オリンピックに接して、半世紀を経て内閣総理大臣として底が抜けた俗物まみれのお祭り騒ぎに堕した2020年東京オリンピックの中心に君臨していました。

　我が国は、コロナ禍後に、半世紀前に少年Sの少し後輩達に高揚感を与えてくれた万国博覧会や札幌オリンピックをも、底が抜けた俗物まみれのお祭り騒ぎとして再現しようとしています。
　かつての高揚感には、高度経済成長と戦後花開いた大衆文化を背景とした俗物感がたっぷり注ぎ込まれていた一方で、当時の我が国の政治機構は、お祭り騒ぎの底が抜けない程度にお祭りの理念と法治を真剣に考えて提供していたように思います。

　かつての少年Sがなり果てた一介の弁理士にすぎない著者ですが、今後も、本書の趣旨と同様に、思考停止することなくお祭り騒ぎの底が抜けない程度にお祭りの理念と法治を考えていきたいと思っています。

Shiba Patent Office

Patent and trademark attorney

Specific infringement lawsuit counsel in Japan

Tel/Fax:+81-3-6709-8201/+81-3-6709-8202;

e-mail: pv43819@zb3.so-net.ne.jp

Address: 3F, Ichigaya-Yakuoji Bldg.,

53, Icigaya-Yakuoji-cho,

Shinjuku-ku,

Tokyo 162-0063, JAPAN

Mr. Thomas Bach

President

International Olympic Committee

Château de Vidy

Route de Vidy 9,

Case postale 356

1001 Lausanne

SWITERLAND

April 21, 2019

An Open Letter to the International Olympic Committee

Dear Mr. Bach:

I'm writing for the first time.　My name is Daisuke SHIBA, a patent and trademark attorney / specific infringement lawsuit counsel in Japan, and my qualifications are as summarized at the end of this letter.　As you may already know, an opposition against your registered trademark "五輪" (wordmark / Reg. No. 6118624) was filed with the Japan Patent Office on April 9, 2019.　The opponent, it's me.

Now, I'll be grateful if you can take a look at the following.　Please note this letter is intended not for business and promotion purposes, but for the purpose of sharing stories with you and your committee.

First, looking back on your activities so far, I know that your enthusiasm and experience are the very qualities that are needed for the position of the IOC's ninth president.　Toward the Olympic and Paralympic Games Tokyo 2020, I'm sure that you are more than equal to the difficult task that would await you.

Now, although I find it unpleasant task, I feel that I must bring to your immediate attention to "a serious problem" that we, Japanese are having with the Olympic-related activities based on "Olympic properties" of which "use" is individually and according to each rank and contribution level permitted to the Games' Partners/Sponsors under various types of program offered and conducted by the International Olympic Committee/IOC, the Japanese Olympic Committee/JOC, and the Tokyo Organizing Committee of the Olympic and Paralympic Games/OCOG (hereinafter referred to collectively as "IOC family").

What is considered to be "a serious problem", is that the Olympic properties protected under the Japan Trademark Act, i.e., Olympic-related registered trademarks used by the Games' Partners/Sponsors, of which "use" is obviously violating or violates the Japan Trademark Act for the reasons mentioned below.

The activities using such Olympic-related registered trademarks are licensed for commercial purposes that are subject to participation in the marketing activities conducted by the IOC family, and a huge amount of marketing revenue arising therefrom has been/will be collected by that family as mostly funding the Olympic movement.　In fact, the licensing activities have substantially been performed by the IOC family on a large scale in Japan, and which activities are said to amount about 400 billion yen ($4 billion) so far.　However, among their licensing activities, the use of the Olympic-related registered trademarks by the Games' Partners/Sponsors is illegal in light of the Japan Trademark Act.

Specifically, under the Japan Trademark Act, a unique system that is unequaled anywhere in the world has been introduced, that is, no person other than a non-profit organisation undertaking business for public interest (hereinafter referred to as "non-profit organisation") may register a trademark, if the trademark is identical with, or similar to, a well-known mark indicating the non-profit organisation (Article 4(1)(vi) and Article (2) of the Japan Trademark Act), but instead, the non-profit organisation may neither assign any of its right to another person (Article 24-2(2) of the Japan Trademark Act), nor establish an exclusive right to use, and grant a non-exclusive right to use, for/of the trademark right in connection with a trademark registered under Article 4(2) to another person (a provisory clause under Article 30(1) and Article 31(1) of the Japan Trademark Law).

The purpose of that system is to respect and thoroughly protect well-known trademarks embodied with authority and international fidelity established by the non-profit organisation, on the other hand, it is to prevent the authority and international fidelity being damaged by licensing, etc. to another person.

The IOC family who acknowledges the non-profit organisation has utilized the above system in order to have its well-known trademarks exclusively registered, however, on the other hand, the IOC family has overtly granted licenses of its trademarks as registered to another person even though which licensing is banded under the Japan Trademark Act, for which illegal activities on a large scale fall under the violations to the provisory clause under Article 31(1) of the Japan Trademark Act, and which situation is "a serious problem" as I mentioned above.

Once a registered trademark under Article 4(2) was the subject of the illegal license, the license agreement as concerned would be rendered invalid (Article 90 of the Japan Civil Code), which results in the use of the registered trademark by a licensee who would have no tittle to use due to the illegal license (Article 25 of the Japan Trademark Law), and the licensee is placed in a state where he/she may be held liable for trademark infringement (Article 78 of the Japan Trademark Act).

Please refer to the attached sheet, in which related provisions of the Japan Trademark Act and other reference provisions are described. Taking a view on the articles in considering the connection of provisions, you can easily recognize the illegality on the use of the Olympic-related registered trademarks by the Games' Partners/Sponsors.

The "seriousness" of the problem has already been known to the public by a series of occurrences as follows:

first since my paper publication (in Japanese version up to now) entitled "Positioning of licensing activities related to Olympic properties in terms of Japan Trademark Law" published in the March 2019 issue of the Japan Patent Attorneys Association "Patent" magazine;

subsequently, known to the public as "illegal licensing activities" during the question-and-answer session in 4th Legal Committee held on 20th March 2019 at the Diet as now setting (198th Diet as from 28th January 2019) (an interpellator: Toshio OGAWA, a member of the House of Councilors (Upper House));

the Tokyo Shimbun (a large Japanese daily newspaper in mostly the Tokyo area) covered it on 28th March 2019 as a "special article";

the Tokyo Shimbun reported in 12th April 2019 article on my filing of an opposition against an IOC's registered trademark "五輪" (wordmark / Reg. No. 6118624) with the Japan Patent Office on 9th April 2019; and

on 14th April 2019, the Tokyo Shimbun published an article to follow-up the story of "illegal licensing activities" and to treat the registered trademark "五輪" as an issue with entertaining apprehensions to IOC's excessive regulation for public use of word "五輪", from the perspective of the brand protection (for example, there are concerns about the prohibition of the use of word "五輪" even at a small scale by a shopping area for cheering the 2020 Olympic games).

Therefore, under the circumstances where the Games' Partners/Sponsors and the IOC family could readily know the "illegality" posed publicly as set forth above, and though they know their licensing activities have some illegalities, the licensing activities are continued as they are in Japan.

Picture the situation: the Games' Partners/Sponsors are put in the state liable for trademark infringement (punished by imprisonment with work for a term not exceeding ten years or a fine not exceeding 10,000,000 yen or combination thereof), and the illegal products and services by the Games' Partners/Sponsors have been spread all over Japan.

As regards the condition of knowing the "illegal licensing activities", to say in more detail, during the above question-and-answer session in the Legal Committee, there was a statement to the effect that the Japanese government had received a report of "appropriate licensing based on agreements" from the OCOG. Soon after that, the Tokyo Shimbun made an inquiry to the OCOG about that session, therefore, there is no doubt that both the JOC and the OCOG know the "illegality" posed by that session. Moreover, the Games' Partners/Sponsors, and the IOC who would have been reported from the JOC and the OCOG about that issue, would be in a condition of knowing the "illegal licensing activities".

In a response to the inquiry by the Tokyo Shimbun (asking for the OCOG's views on the expert's (my) opinion that the licensing activities fall under the violation of the Trademark Act), the OCOG made only a short comment on 10th April 2019, that is, "The Olympic-related trademarks are appropriately utilized based on the agreements and the like with relevant parties.", and no comments has been provided from the IOC and the JOC who should have been in the condition of knowing about "illegal licensing activities".

That is, illegal licensing activities knowingly allowed by the IOC family cannot escape the maliciousness as long as they are continued. Activities with a malicious intent may result in various criminal punishments under the legislation of Japan besides the punishment set forth above.

Meanwhile, the Bill for Partial Revision of the Trademark Act has been submitted to the Diet as now setting in which the provisory clause under Article 31(1) be deleted, intended to allow the licensing the use of (non-exclusive right to use) registered trademark to any third party by the owner of the registered trademark, even if he/she is a non-profit organisation., and the Japanese government tries to settle the situation by revising the Trademark Act (deletion of the provisory clause under Article

31(1) of the Japan Trademark Act).

However, even if that Bill is passed through the Diet, and enacted, new legislation will never be applied to the trademarks as licensed so far due to "Principle of the laws and ordinances not being retrospective", and the "illegality" responsible for the IOC family over past about 10 years or more will never be cleaned up by that means.

Are you sure that the Olympic and Paralympic Games Tokyo 2020 for which there is none of or pretending not to know awareness of illegality between the IOC family and the Games' Partners/Sponsors, would be welcome to the people around the world? The main athletes who are always faced with enormous challenges from strict compliance with laws and regulations can't see how all the illegal activities occurred in non-sports are ignored by the IOC family.

Further, we Japanese are attempting to celebrate the historical event of the succession of the new emperor along with the change of the era name in next May. Then, the licensing activities that incur "illegality" are most likely to impolitely dampen the enthusiasm in celebration of that event.

So long as the licensing activities of which illegality is knowingly and deliberately ignored by the IOC family are continued as they stand, the brand values not only of the Olympic Games but also of the Games' Partners/Sponsors (big businesses) will be subject to a critical damage that cannot be paid by money.

Under the circumstances, I'm sure that you will immediately decide and instruct the parties including the Games' Partners/Sponsors to discontinue the licensing activities within Japan based on the use of the Olympic-related registered trademarks which is most likely to be held illegal and to constitute a tort so as to prevent the continuation of tortious acts including infringement of trademark rights by those parties and to tackle the "seriousness" of the problem in order to seek a possible solution, if any, together with the parties. In this respect, you can remember that it will ultimately be the responsibility of the Japanese government to handle the legal aspects in terms of the government guarantee (written in the form of

Government Covenant and Letter of Guarantee to cope with 2020 Candidate Procedure and Questionnaire, May 2012) to pledge the IOC (and the IPC) to observe the Olympic Charter and suitably protect the intellectual property, etc. of the Olympic and Paralympic Games.

For me, who experienced the former Tokyo 1964 Olympic Games and realized the open future of our country at that time, I express a heartfelt wish for a success of the upcoming Tokyo 2020 Olympic and Paralympic Games with the celebration from all over the world. All the more for fundamental principles of Olympism, I'll be grateful if the issues pointed out in this letter be considered seriously with the expectation that further collective knowledge and experience will be made thereon by all related parties.

In the meantime, please let me know if you and your committee come to a deadlock and there is anything I can do to help you. To the best of my knowledge, I can offer a plan for solving this problem not relying on the revision of the Act (either way, it would be no effect), but under the existing legislation so that "Anti-Ambush Marketing" promoted by the IOC family be completed.

Sincerely yours,

Daisuke SHIBA (Mr.)

Encl.

Appendix I:	a glossary of laws, etc. relative to "Positioning of licensing activities related to Olympic properties in terms of Japan Trademark Law"
Appendix II:	a chain of events (up to April 9, 2019)
Appendix III:	a paper publication (in Japanese version up to now) entitled "Positioning of licensing activities related to Olympic properties in light of Japan Trademark Law" published in the

	March 2019 issue of the Japan Patent Attorneys Association "Patent" magazine
Appendix IV:	a copy of an article entitled "IOC's license agreement is referred to as 'illegal in light of Japan Trademark Act', and the Japanese government subsequently seeks the revision of the Act" published on March 28, 2019 in the Tokyo Shimbun (a large Japanese daily newspaper in mostly the Tokyo area)

cc: Mr. John D. COATES, Chair of Legal Affairs Commissioner, the IOC
Mr. Tsunekazu TAKEDA, President of the JOC
Mr. Yoshiro MORI, President of the OCOG
Ms. Yuriko KOIKE, the Governor of Tokyo
Dr. Koji MUROFUSHI, TOKYO 2020 Sports Director
Mr. Toshio OGAWA, Member, House of Councilors
Mr. Yoshihiro SHIMIZU, President of the Japan Patent Attorneys Association
The Tokyo Shimbun (tokuho@chunichi.co.jp)

About me:
Professional experience

- Joining Kao Corporation as R/D Lab technician and in-Patent Liaison and Attorney (1983) after earning a master's degree in a master's course of a graduate school of Hiroshima University
- Engaged in problem-solving in the R/D business of sanitary products and industrial additives
- Drafting and prosecuting a large number of patent applications in this sector work
- Supporting leaderships to acquire rights for products developed in this lab, and to assist enforcement, licensing and litigation of patents while qualified

as patent liaison and patent attorney
- After leaving Kao Corp., working for several patent offices and having advanced experiences in prosecuting patents and pre and post-grant strategies
- Setting up Shiba Patent Office and starting a new business with a high degree of specialty (December 2014 - present)
- Accelerating business activities in good faith domestically and internationally

Award and publishing works
- Receiving "the 21st Century Encouragement of Invention Prize" in Natl. Invention Award 2008 sponsored by Japan Institute of Invention and Innovation
- "Dynamic behavior of an acidic polymer electrolyte in aqueous solution" (master's thesis)
- "Application of a polyether-based water superreducer to high-flow concrete"
- "Story of patent battle for 25 years surrounding process patents and formulation patents" from a novel "Patent war on behalf of men behind its development" (Patent Journal, Nov. 2012)
- Many paper publications of the Japan Patent Attorneys Association "Patent" magazine, including "Positioning of licensing activities related to Olympic properties in light of Japan Trademark Law" published in the March 2019 issue

(end)

付録2　国際オリンピック委員会宛　公開書面（参考和訳）

トーマス・バッハ国際オリンピック委員会会長　殿

2019年4月21日

国際オリンピック委員会宛　公開書面

拝啓

　初めまして。日本国で弁理士・特定訴訟代理人をしております柴大介と申します。

　小職の経歴等については本書面の末尾の略記の通りです。

　すでにご存知かもしれませんが、貴委員会の登録商標「五輪」（文字標章/登録番号第6118624号）に対する異議申立が日本国特許庁に行われましたが、その異議申立人が小職であります。

　以下内容につき、お目通し頂ければ幸甚と存じます。なお、営業や自己宣伝ではなく、貴殿および貴委員会と話題を共有するためにお手紙を差し上げる次第です。

　現在までの仕事ぶりを知るにつれ、貴殿の仕事に対する熱意および豊かな経験は国際オリンピック委員会第9代目会長のポストに求められるものであり、2020年東京オリンピック・パラリンピック競技大会に向け待ち受ける難局を十分に乗り越える力をもった人物であると確信しております。

　さて、このような手紙を差し上げるのは大変心苦しいところではありますが、

「ある深刻な問題」について貴殿に直ちに注意を払って頂かなければなりません。「オリンピック資産」に基づきオリンピックに関連した活動について我々日本国民が抱えている問題についてです。

　「オリンピック資産」については、国際オリンピック委員会（IOC）、日本オリンピック委員会（JOC）および東京オリンピック・パラリンピック競技大会組織委員会（OCOG）（以下、これらをまとめて「IOCファミリー」と称します）が提供する各種プログラムの下、個別かつ貢献度に応じて大会パートナー/スポンサーに使用許諾されております。

　「ある深刻な問題」とは、日本国の商標法の下で保護されているオリンピック資産、すなわち、<u>大会パートナー/スポンサーが使用しているオリンピックに関連した登録商標のその「使用」が以下の理由によって日本国の商標法に明らかに違反している状態にある</u>ということを指します。

　オリンピックに関連した登録商標を使用した諸活動はIOCファミリーによるマーケティング活動への協賛を対象にした事業目的について許諾されています。

　かかる事業からもたらされる巨額なマーケティング収益はIOCファミリーに集まりその大半はオリンピック・ムーブメントの資金に充てられています。

　実際、日本国内に於いて、IOCファミリーによって実質的に行われている大規模なライセンス活動は4000億円（40億米ドル）にのぼると言われております。

　しかしながら、そのライセンス活動の中で、オリンピックに関連した登録商標を大会パートナー/スポンサーが使用することは、日本国の商標法に照らし

て違法となります。

　具体的に申し上げますと、日本国の商標法では世界のどこにも例を見ないユニークな制度が存在します。

　それは、公益を事業目的とする非営利公益団体（以下、「非営利公益団体」と称します）以外の何人もかかる非営利公益団体を表す著名な標章と同一または類似の商標は登録することが認められず（日本国商標法第４条第１項第６号）、その代わり、該非営利公益団体は同法第４条第２項に拠って登録された自らの商標について他人に専用使用権を設定することも通常使用権を許諾することも認められません（日本国商標法第30条第１項および第31条第１項、各項但書き）。

　非営利公益団体の権威と国際的信用が化体されている著名商標を尊重し十分に保護するとともに、他方、それら権威や国際的信用を他人へのライセンス等によって毀損することから保護すること、がその制度趣旨となっています。

　非営利公益団体であると認められるIOCファミリーは上記制度を利用し自らの著名商標を排他的に登録してきました。

　しかし、他方、IOCファミリーはかかる登録商標の使用許諾が日本国の商標法の下で認められていないにも拘わらず、公然と他人に許諾しています。かかる大規模な行為は日本国商標法第31条第１項但書きに違反し、そのような状況を小職は上述のように「深刻な問題」としているわけです。

　商標法第４条第２項に拠って登録された商標が違法ライセンスの対象になると、関係するライセンス契約は無効となり（民法第90条）、違法ライセンスゆ

えに、使用権原のない者による登録商標の使用ということになり（日本国商標法第25条）、その者は商標権侵害の罪に問われる状態に置かれます（日本国商標法第78条）。

　添付書面をご覧下さい。日本国商標法の関連条文とその他参照条文に目を通して頂ければ、大会パートナー／スポンサーによるオリンピックに関連した登録商標の使用について違法性を容易に認識して頂けるものと存じます。

　この問題の「深刻さ」は以下の一連の出来事ですでに公に知られるところとなっております：

①小職の論文『オリンピック関連登録商標の商標法上の位置づけ』（現在のところ日本語版のみ）が日本弁理士会誌「パテント」2019年3月号に掲載されたことに始まり；

②続いて、開催中の国会（2019年1月28日から始まった第174回国会）で2019年3月20日付で開かれた第4回法務委員会の質疑応答を通じて「違法ライセンス活動」が公に知られるところとなったこと（質疑者：参議院（上院）小川敏夫議員）；

③東京新聞（首都圏を対象とする日刊紙を発行する大新聞社）が2019年3月28日紙面で「特報」としてかかる質疑応答を記事にしたこと；

④国際オリンピック委員会の登録商標「五輪」（文字標章/登録番号第6118624号）に対する異議申立が2019年4月9日付で日本国特許庁に行われたことについて東京新聞が2019年4月12日付で記事を掲載したこと；そして

⑤2019年4月14日付で東京新聞は「違法ライセンス活動」についての続報と共に、登録商標「五輪」についてブランド保護の観点から「五輪」の文字を一

般が使用することに対して国際オリンピック委員会の過剰な規制を行うのではないかとの懸念（例えば、「五輪」の文字を使って2020年オリンピック競技大会をささやかに商店街で応援する程度のことも規制される恐れ）を取り上げた記事が掲載されました。

　従って、大会パートナー／スポンサーおよびIOCファミリーは上述のように公に知られるところとなった「違法性」を知り得る状況にあります。

　そのライセンス活動に違法性があると知りながらも、日本国内に於いてはライセンス活動は変わらず引き続いて行われています。

　大会パートナー／スポンサーは商標権侵害の罪が問われる状態に置かれ（10年以下の懲役、1千万円以下の罰金またはその組み合わせで処罰されます）、大会パートナー／スポンサーによって違法な商品やサービスが日本国中に広まっている、それが現況なのです。

　「違法ライセンス活動」を知り得る状況について、さらに詳述します。

　法務委員会での上述の質疑応答に於いて、東京オリンピック・パラリンピック競技大会組織委員会（OCOG）から「適切に契約をしている」と報告を受けた旨の政府参考人の答弁がありました。

　その直後、東京新聞は東京オリンピック・パラリンピック競技大会組織委員会（OCOG）にかかる質疑応答について質問を行っており、つまり、かかる質疑応答で提起された「違法性」について日本オリンピック委員会（JOC）と東京オリンピック・パラリンピック競技大会組織委員会（OCOG）が知っていることに疑いの余地はありません。

さらに、大会パートナー／スポンサー、およびJOCやOCOGからかかる質疑応答について報告を受けたであろう貴委員会は「違法ライセンス活動」を知る立場にあります。

　東京新聞の質問（ライセンス活動が商標法違反に該当するとの専門家（私）の意見についてOCOGの見解を求める質問）に対して、OCOGは2019年4月10日付で「オリンピック関連商標を、関係当事者との合意などに基づいて適切に活用している」とだけ回答を寄せています。

　「違法ライセンス活動」について知る立場にあった筈の貴委員会およびJOCからは何のコメントも発信されていません。

　すなわち、それと知りつつもIOCファミリーが黙認する違法ライセンス活動について、（今後）続ける限り悪質性は否定できなくなります。悪意を伴う活動は上述の罰以外に日本国の法律のもとで様々な刑事罰に当たる可能性があります。

　一方、開催中の国会に、第31条第1項但書を削除し、たとえ商標権者が非営利公益団体であっても登録商標の第三者への使用許諾（通常使用権）を可能とする旨の商標法の一部改正についての法案が提出されており、日本政府は商標法改正（商標法第31条第1項但書削除）を以て事態を収束させようとしています。

　しかしながら、たとえ法案が国会で可決承認され施行されても、新たな法律は「法令不遡及の原則」に拠って、それ以前にライセンスされた商標には適用されず、過去10年以上に亘って続いているIOCファミリーに問われる「違法性」はそのような手段でも解消されることはありません。

IOCファミリーと大会パートナー／スポンサーとの間で違法性の認識が全くなかったにせよ、または認識していたものの知らない振りをしていたにせよ、そのような2020年東京オリンピック・パラリンピック競技大会が世界中の人々に歓迎されるとお思いでしょうか？

厳格な法令順守の下でとてつもない試練に常に向かい合っているメインアスリートたちは、スポーツ外で起きる違法活動ばかりがIOCファミリーによって見逃される状況に納得がいかないことでしょう。

さらに、我々日本国民は来る5月、改元とともに新たな天皇が即位する歴史的イベントを祝する機運にあります。しかるに、「違法性」が生じているライセンス活動はその熱気を非礼にも冷ますことになりかねません。

IOCファミリーはその違法性を知りつつわざと無視してライセンス活動を続ける限り、オリンピック大会のみならず大会パートナー／スポンサーのブランド価値は金銭に代えることのできないほどの甚大な損失を被ることになります。

かかる状況にあって、その使用について違法性や不法行為の可能性が極めて高いオリンピックに関連した登録商標に基づく日本国内でのライセンス活動について、貴殿は直ちに中断することを決定し大会パートナー／スポンサーを含む関係者にその旨指示することで、それら関係者による商標権侵害を含む不法行為が続くことを防ぎ、関係者と共に可能な解決を求めてこの問題の「深刻さ」に果敢に取り組むものと私は確信しています。

この点について、オリンピック憲章を尊重しオリンピック・パラリンピック

競技大会の知的所有権等を適切に保護することについて貴委員会（および国際パラリンピック委員会）に誓約する旨の政府保証（2012年5月、招致段階での申請ファイル及び立候補ファイル作成に際しての貴委員会からのレガシーに関する質問項目に回答する形で提出された政府保証書）の観点から法律面の扱いについて日本政府は究極的な責任を負っていることをご指摘申し上げます。

　前回1964年東京オリンピック競技大会に接し、我々の国の開かれた将来をその当時確信した小職にとって、来る2020年東京オリンピック・パラリンピック競技大会が世界中から祝福され成功することを心から願うものであります。

　オリンピックの基本理念を思えばこそ、本書面でご指摘申し上げました問題点について、すべての関係者の叡智を結集することを期待し、真摯にお考え頂きたく存じます。

　貴殿および貴委員会が行き詰まり小職に何かしら力添えが可能なことがありましたらお知らせ願います。小職の知識の限りにおいて、法改正に拠らず（改正したところでどのみち効果はありませんが）現行法制下で本問題を解決し、IOCファミリーが推し進める「アンブッシュ・マーケティング対策」を完了させる案を提示することが可能です。

敬具

　　　　　　　　　　　　　　　　　　　　　　　　　柴大介（署名）

添付物

付録Ⅰ：『オリンピック関連登録商標の商標法上の位置づけ』に関連する法律集

付録Ⅱ：一連の出来事（2019年4月9日まで）

付録Ⅲ：日本弁理士会誌「パテント」2019年3月号に掲載された論文『オリンピック
　　　　関連登録商標の商標法上の位置づけ』（現在のところ日本語版のみ）

付録Ⅳ：『IOCのライセンス契約は「商標法違法」と指摘　政府は後付けで法改正狙
　　　　う？』と見出しのある東京新聞（首都圏を対象とする日刊紙を発行する大新
　　　　聞社）2019年3月28日記事の写し

cc：　　Mr. John D. COATES, Chair of Legal Affairs Commission, the IOC
　　　　竹田恆和、JOC会長
　　　　森喜朗、OCOG会長
　　　　小池百合子、東京都都知事
　　　　室伏広治、東京2020スポーツディレクター
　　　　小川敏夫、参議院議員
　　　　清水善広、日本弁理士会会長
　　　　東京新聞（tokuho@chunichi.co.jp）

（以下、略）

著者略歴

柴　大介（しば　だいすけ）　弁理士

1982年　　　　広島大学大学院理学系修士課程終了
1982〜2008年　花王株式会社（研究開発及び知財部門に勤務）
2007年　　　　弁理士登録
2008〜2014年　国内特許事務所に勤務
2015年　　　　柴特許事務所開設（現在に至る）

受賞歴　　　　平成20年度全国発明表彰21世紀発明奨励賞
ブログ　　　　『特許の無名塾』主宰
　　　　　　　・事務所ブログ：http://patent-japan.sakura.ne.jp/index.html
　　　　　　　・五輪知財を考える：http://patent-japan-article.sblo.jp/
　　　　　　　・知財と道楽：http://patent-japan.sblo.jp/

～商標制度の破壊を招く～

IOCファミリーによる
オリンピック商標の
違法ライセンス問題を考える

発行日　2021年4月26日発行

著　者　柴　大介 ©

印　刷　今井印刷株式会社

発行所　イマジン出版株式会社©
　　　　〒112-0013　東京都文京区音羽1-5-8
　　　　電話 03-3942-2520　FAX 03-3942-2623
　　　　HP　http://www.imagine-j.co.jp

ISBN978-4-87299-874-0　C2033　¥1800E
落丁・乱丁の場合は小社にてお取替えします。